수험생을 위한 100일 큐티

수험생을 위한 100일 큐티

초판 발행 2025년 7월 15일
초판 인쇄 2025년 7월 15일
지은이 정신일
펴낸이 정신일
편집 홍소희
교정 성주희
펴낸곳 크리스천리더
일부총판 생명의 말씀사 (02) 3159-7979
등록 제 2-2727호(1999. 9.30)
주소 부천시 성주로 96번길 제일빌딩 6층
전화 032) 342-1979
팩스 032) 343-3567
출간상담 E-mail:chmbit@hanmail.net
홈페이지 www.cjesus.co.kr
유튜브 크리스천리더TV

ISBN : 978-89-6594-385-3 03230
정 가 : 8,800원

수험생을 위한

100일 큐티

"**100일** 동안, 하나님의 **은혜**에

흠뻑 빠져들자!"

크리스천리더

저자서문

전에 제가 섬기는 교회 청년들과 함께 수련회를 갔었습니다. 그때 저를 알아보는 한 청년이 있었습니다. 그 청년은 고등학교를 갓 졸업하고 새내기 대학 생활을 하고 있었고 고3 때 제가 집필한 수험생 큐티집으로 매일 묵상하면서 큰 힘이 되었다고 감사하다는 말을 했습니다. 잠깐 이야기를 나누었지만 무척이나 뿌듯했습니다. 그리고 하나님이 제게 주신 사명을 다시 한번 확인했습니다.

말씀은 늘 우리에게 소망을 주고 힘을 줍니다. 얼마 전 답답한 문제가 생겨 도저히 일이 손에 잡히지 않았던 적이 있었습니다. 성경 말씀을 읽자 마음의 심난함이 조금은 진정되는 듯했습니다.

한참을 읽다가 로마서 8장 39절에 있는 말씀에 갑작스레 목이 메고 말았습니다. 늘 읽어 왔고 그다지 낯선 구절도 아닌데 이상하게 마음이 뜨거워졌습니다.

"우리를 우리 주 그리스도 예수 안에 있는 하나님의 사랑에서 끊을 수 없으리라."

그 말씀은 제 마음속에서 끊임없이 리플레이(replay) 되고 있었습니다. 그렇습니다. 하나님의 말씀은 온갖 삶의 상처들을 치유하고 희망과 위로를 우리에게 주십니다.

어려움에 처할 때일수록 더 큰 힘이 되고 위로가 됩니다.

수험생 여러분, 지금은 분명히 어렵고 힘든 시기입니다. 이럴 때일수록 말씀 묵상과 기도는 힘과 위로가 되어줄 것입니다.

이 책은 수능 100일전 부터 하루에 1장씩 말씀으로 묵상하도록 기획되었습니다. 매 장마다 도움이 되는 성경 구절과 도움이 되는 큐티 예화, 그리고 기도가 쓰여 있습니다. 공부하면서 늘 말씀이 내 안에서 떠나지 않기 위해 노력하시기 바랍니다. 하나님은 여러분이 말하지 않아도 아름답게 채워 주실 것입니다.

이렇게 활용하세요.

1. 매일 일정한 시간을 정하고 무강하고 기도로 시작하세요.
2. 매일 본문 말씀과 내용을 읽고 깊이 묵상합니다.
3. '흔적남기기'에 묵상 기록을 남깁니다.

크리스천리더 출판사 대표 정 신 일 목사 드림

차례

100 거미에게서 인생을 배운 왕

사람들이 너를 낮추거든 너는 교만했노라고 말하라 하나님은 겸손한 자를 구원하시리라(욥기 22:29)

잉글랜드의 왕 에드워드 1세의 침입을 받은 스코틀랜드의 부르스(Bruce) 왕은 격렬한 항쟁을 하였지만, 무려 여섯 번이나 패배하고, 나중에 부르스 왕 한 사람만 남아 깊은 산속을 헤매게 되었습니다. 한참을 헤매다 들어간 다 쓰러져가는 움막에서 그는 집을 지으려 부지런히 움직이는 거미를 보게 되었습니다. 거미는 한껏 넓은 진폭을 형성하더니 건너편 서까래에 순간적으로 몸을 날렸습니다. 그러나 줄이 끊어져 거미는 땅바닥으로 떨어졌습니다. 그 순간 왕은 실패한 동료를 만났다는 생각에 씁쓸하였습니다. 그런데 거미는 원래 처음 자리로 다시 돌아가더니 계속 작업을 하는 것이었습니다. 이때부터 왕은 숨을 죽이고 거미의 거동을 살피기 시작했습니다.

거미는 계속해서 실패했습니다. 그러나 다시 일어나 작업을 반복하던 거미는, 드디어 일곱 번째 시도 만에 멋지게 목표지점에 몸을 착 붙이더니 아주 멋진 집을 짓기 시작하였습니다.

"그렇다! 거미는 나에게 주저앉지 말라는 교훈을 주는구나!"

왕은 자신도 모르게 일어나 거미에게 최대의 경의를 표하고, 산을 내려와 일곱 번째로 전열을 가다듬고 싸워서 큰 승리를 거두게 되었습니다.

오늘 하나님은 우리에게 겸손을 말씀하십니다. 하나님은 겸손한 자를 반드시 구원하시는 분이십니다. 실패와 좌절 속에서 불평과 불만을 가질 것이 아니라, 낮아진 마음- 겸손할 수 있는 기회를 주신 하나님께 감사하며 하나님을 구해야 할 것입니다. 어려운 시험 속에 있을지라도 두려워하지 말고 하나님을 찾으십시오. 하나님은 겸손하게 자기를 찾으시는 이에게 반드시 응답하시는 분이십니다.

기도 | 겸손한 자의 하나님, 감사합니다. 수능이라는 압박이 있지만, 더욱더 겸손히 하나님을 구해야 함을 알게 되었습니다. 어려운 상황과 시험 속에서, 저 혼자 두지 않으시고 함께 하시는 하나님을 향해 낮은 마음으로 하나님을 구합니다. 눈에 보이는 대로 생각하고 따르며, 때로는 실패감과 좌절 중에 있었던 것을 회개합니다. 앞으로 100일 동안, 말씀으로 저를 채워주실 주님을 기대합니다. 예수님의 이름으로 기도드립니다. 아멘.

흔적남기기

99 오직, 감사뿐

다니엘이 이 조서에 왕의 도장이 찍힌 것을 알고도 자기 집에 돌아가서는 윗방에 올라가 예루살렘으로 향한 창문을 열고 전에 하던 대로 하루 세 번씩 무릎을 꿇고 기도하며 그의 하나님께 감사하였더라(다니엘 6:10)

16년 동안 병상에 누워 살아온 할머니가 있었습니다. 그 할머니는 사지를 조금도 움직일 수 없었으며, 늘 통증 가운데 살아야만 했습니다. 그러나 할머니는 엄지손가락 하나를 쓸 수 있게 해주신 것에 대해 늘 하나님께 감사했습니다. 그 손가락으로 성경책의 책장도 넘길 수 있었고, 빨대를 이용해 차도 마실 수 있었으며, 음식도 먹을 수 있었기 때문입니다. 사람들은 할머니에게 어떻게 해서 그렇게 감사하는 생활을 할 수 있느냐고 물었습니다. 그때마다 할머니는 '내 안에 하나님이 계시기 때문이라오.'라고 대답했습니다.

그렇습니다. 우리 안에 하나님이 계시면 우리는 두려울 것이 없으며, 낙심될 일도 없습니다. 진정한 감사의 말은 자신의 힘으로 할 수 있는 것이 아닙니다. 그것은 하나님이 우리 안에서 충만하게 역사하실 때 비로소 할 수 있는 말입니다.

오늘 다니엘의 이야기는 이스라엘이 바벨론의 포로로 있었을 때의 일입니다. 비록 포로로 잡혀왔지만 그는 늘 이스라엘의 하나님을 향하여 감사드렸으며, 그 때문에 자신의 생명이 위태로울 수 있는 상황에서도 하나님께 감사하기를 멈추지 않았습니다.

감사는 하나님께 늘 가져야 할 마음가짐입니다. 다니엘과 같이, 시간을 정하고 매일 하나님께 감사드리십시오. 상황이 아니라 내 안에 계신 주님으로 인하여 감사드리는 것입니다. 비록 학업과 수능의 분주함이 있더라도 오늘 다니엘과 같은 굳은 결심- 하나님께 감사드리는 소중한 시간들을 빼앗기지 않으리라 결단하십시오.

기도 | 사랑과 화평의 하나님, 다니엘과 같이 주님께 늘 감사드리기로 결정합니다. 감사드리는 것으로 힘의 근원이 되게 하신 하나님, 결코 변치 않으시는 하나님을 감사의 제목으로 가지게 해주셔서 감사합니다. 마음이 분주하고 주님을 생각하지 못할 때, 감사드리는 것을 기억나게 해주세요. 상황이 비록 '그리 아니하실지라도' 감사할 수 있도록 내 안에 충만히 역사해 주세요. 내 안에 계신 하나님으로 인하여 감사드립니다. 예수님의 이름으로 기도드립니다. 아멘.

흔적남기기

98 1등을 능가한 2등

오직 너 하나님의 사람아 이것들을 피하고 의와 경건과 믿음과 사랑과 인내와 온유를 따르며 믿음의 선한 싸움을 싸우라 영생을 취하라 이를 위하여 네가 부르심을 받았고 많은 증인 앞에서 선한 증언을 하였도다(디모데전서 6:11-12)

수학 분야에서 세계적으로 명성을 떨친 기쿠치 다이로가 영국 옥스퍼드 대학에서 유학할 때의 일입니다. 시험 때마다 늘 1등을 하는, 유일한 동양인 기쿠치로 인해 영국 학생들의 자존심이 많이 상했습니다. 더군다나 영국 학생 브라운은 늘 기쿠치 다음인 2등만 차지하여 영국 학생들의 마음을 더욱 안타깝게 하였습니다.

그러던 어느 해, 학기말 시험을 얼마 앞두고 기쿠치가 독감에 걸려 며칠 동안 학교에 나오지 못했습니다. 이 사실이 학교에 퍼지자 영국 학생들은 브라운이 1등을 할 기회가 왔다며 몹시 흥분했습니다. 어떤 친구들은 브라운을 찾아가 격려하기까지 했습니다.

"브라운 잘해! 그 원숭이 같은 녀석을 보기 좋게 꺾어주라고!"

기말시험을 치르는 날, 기쿠치는 몹시 야윈 얼굴로 학교에 나와 시험을 치렀습니다. 며칠 뒤에 학교 게시판에 성적이 발표되었습니다. 게시판 앞에 와글거리며 모여 있는 학생들 틈에서 누군가 실망스러운 목소리로 소리쳤습니다.

"이런, 또 기쿠치가 1등이야!"

이때 기쿠치가 모여 있는 학생들에게 서투른 영어로 말했습니다.

"내가 병석에 있으면서도 수석을 할 수 있었던 것은 모두 브라운 덕분입니다. 브라운은 매일매일 내 방에 찾아와 교수님이 하신 강의 내용을 내게 강의해 주었습니다."

진정한 1등은 어떤 것일까요? '나의 성공'을 위해 싸우는 자가 아니라 '선한 싸움'을 싸우는 자입니다. 의와, 경건과, 믿음과, 사랑과, 인내와, 온유를 따르며 믿음의 선한 싸움을 싸우는 우리의 목표는 단순히 '대학'이 아니라 '영생'임을 잊지 맙시다.

기도 | 하나님, 공부에 지쳐서 나쁜 마음이 들 때가 있습니다. 나보다 좋은 성적을 받은 친구를 보면 질투가 납니다. 더 나은 성적과 나의 성공을 위해, 때로 친구들을 시기하고 친구의 실패와 아픔을 외면하기도 했습니다. 용서해 주세요. 하나님, 믿음의 선한 싸움을 싸우라는 주님의 말씀이 제 안에 새겨지도록 역사해 주세요. 이 믿음의 싸움 끝에 영생을 주신 주님, 제가 늘 주님을 바라봄으로써 제 인생의 목표를 놓치지 않게 해주세요. 예수님의 이름으로 기도드립니다. 아멘.

흔적남기기

97 누구를 따를 것인가?

내 양은 내 음성을 들으며 나는 그들을 알며 그들은 나를 따르느니라 내가 그들에게 영생을 주노니 영원히 멸망하지 아니할 것이요 또 그들을 내 손에서 빼앗을 자가 없느니라(요한복음 10:27-28)

양을 생각하면 무엇이 떠오르세요? 실제로 양은 매우 우둔한 동물이며, 고집이 세면서도 자신 스스로 할 수 있는 것이 아무것도 없는 동물이랍니다. 눈도 어둡고, 넘어지면 혼자 일어설 수도 없으며, 다른 동물처럼 자신을 방어할 만한 것이 전혀 없는 동물이기도 합니다. 그래서 이끌어 주고, 맹수로부터 지켜줄 목자나 목동이 없으면 양은 결국 생명을 잃을 수밖에 없습니다.

눈이 어두워서 자신의 바로 앞만 볼 수 있는 양이지만, 신기하게도 주인의 목소리는 반드시 구별해 내고 맙니다. 실제로 양을 치는 목자들은 서로의 양이 섞여도 별 걱정이 없습니다. 자신의 양들이 목자의 목소리를 알고서 오직 따르기 때문에, 다른 사람이 와서 거의 비슷한 음성으로 양들을 불러내도 절대로 움직이지 않는다는 것입니다. 양들은 주인의 목소리만을 듣고 따라갑니다.

하나님은 우리를 양으로 비유하셨습니다. 어쩌면 이렇게 비슷한 점이 많을까요? 우리는 당장 앞의 일만 볼 수 있을 뿐이고, 미래에 대해서는 어둡기만 합니다. 스스로를 방어할 만한 어떠한 것도 갖고 있지 않으며, 이끌어 주시는 하나님이 안 계시다면 상상할 수도 없는 우리의 인생인 것입니다. 우리는 오늘 양처럼 주인의 목소리를 듣고 따라가야 합니다.

누구를 따를 것입니까? 세상에 사는 우리이지만 우리는 세상에 속하지는 않았습니다. 우리의 주인이자 참 목자는 나를 위해 생명을 아끼지 아니하며, 우리를 결코 빼앗기실 분이 아니신 예수 그리스도이십니다. 매일 그분의 음성을 들으며 그분이 이끄시는 대로 나아가야 하지 않겠습니까? 그분이 이끄시는 길은 영원히 멸망하지 않을 영생의 길입니다.

기도 | 선한 목자이신 하나님, 저는 정말 양과 같습니다. 무언가 할 수 있는 것 같지만, 저는 곧잘 두렵고 아무것도 보이지 않을 때가 많습니다. 더군다나 어린 저는 닥쳐올 미래에 대해서 걱정이 될 때가 너무 많습니다. 그러나 제가 따를 분은 오직, 선한 목자이신 예수님이십니다. 나를 위해 생명을 아끼지 않으신 주님을 신뢰합니다. 오늘 주님의 음성을 듣고 따라가는, 주님 품에 있는 어린 양 되기 원합니다. 사랑하고 감사드립니다. 예수님의 이름으로 기도드립니다. 아멘.

흔적남기기

96 하늘까지 연결되는 기도라야

너희가 내 이름으로 무엇을 구하든지 내가 행하리니 이는 아버지로 하여금 아들로 말미암아 영광을 받으시게 하려 함이라 내 이름으로 무엇이든지 내게 구하면 내가 행하리라 (요한복음 14:13-14)

전깃불이 우리나라에 들어온 지 얼마 되지 않았을 때의 일입니다. 시골에서 사는 노인이 서울에 사는 아들의 집에 갔다가 밤에 켜는 전깃불을 처음 보게 되었습니다. 전깃불은 그 밝기가 대낮과도 같았습니다. 낮에 그것을 살펴보니 전구, 소켓, 전선이 전부였습니다. 그래서 노인은 시골로 돌아가는 길에 아들에게 부탁하여 전구, 소켓, 전선을 사가지고 집으로 돌아왔습니다.

노인은 서울에서 구경한 것을 친구들에게 알려주었습니다. 특히 햇빛 같은 전깃불을 사 왔다고 자랑을 늘어놓았습니다. 그러고는 오늘 저녁에 어두워지면 보여 줄 테니, 자기 집으로 모이라고 하였습니다. 노인은 전선을 마당에 쳐 있는 빨랫줄에다 연결하고 저녁이 되기를 기다렸습니다. 저녁에 동리 사람들이 서울에서 사 온 전깃불을 구경하러 노인의 집에 모여들었습니다. 사방이 어두워지기 시작하자 노인은 이제 전깃불을 보여주겠다며 전등의 스위치를 켰습니다. "탁!" 하는 소리는 서울과 비슷했지만 전깃불은 들어오지 않았습니다. 아무리 다시 스위치를 켜도 전깃불은 들어오지 않았습니다.

왜 전깃불이 들어오지 않았을까요? 전선을 빨랫줄에다 연결했기 때문입니다. 전선이 발전소에까지 연결되어야 전깃불이 들어오는 것입니다. 마찬가지로 우리의 기도도 하늘에까지 연결(상달) 되어야 응답이 옵니다. 우리가 구하는 내용이 예수님께로부터 나오지 않았다면, 빨랫줄에 연결한 전선과도 같습니다. 지금 조용히 주님 앞으로 나아가 보세요. 주님의 뜻을 알려주실 것입니다. 오늘부터 하나님과의 깊은 대화를 통해, 하나님이 기뻐하시는 기도를 해보세요.

기도 | 하나님, 내 뜻을 이루기 위해 기도하는 것이 아니라, 하나님의 뜻이 예수님 안에서 이뤄지길 기도합니다. 저에게 주님의 뜻을 알려주세요. 잠잠히 듣겠습니다. 하나님이 기뻐하시는 기도로 나아가길 원합니다. 기도를 통해 하나님의 뜻이 저와 모든 곳에 이루어지기를 원합니다. 예수님의 이름으로 기도드립니다. 아멘.

흔적남기기

95 지혜를 구하는 기도

이로써 우리도 듣던 날부터 너희를 위하여 기도하기를 그치지 아니하고 구하노니 너희로 하여금 모든 신령한 지혜와 총명에 하나님의 뜻을 아는 것으로 채우게 하시고(골로새서 1:9)

미국의 유명한 치즈 제조업자였던 크래프드는, 처음에는 마차에 치즈를 싣고 다니면서 파는 사람이었습니다. 그는 매일 아침 치즈를 팔러 나가기 전에 먼저 하나님께 기도드리고 나서 떠나곤 했습니다. 그때마다 그에게 지혜가 생겨서 사업이 점점 번창하게 되었고, 나중에는 수많은 트럭으로 치즈를 보급하는 '치즈 왕'이 되었습니다. 그에게 '당신이 성공한 비결이 무엇이냐?'고 물을 때에, 그는 '하나님께 지혜를 구하는 기도를 하고 모든 일을 처리하게 될 때에 하나님은 이처럼 축복을 해주셨다.'라고 고백했습니다.

하나님의 지혜는 세상의 어떤 지혜와도 비교할 수 없는 것이랍니다. 지혜의 근원이신 하나님이 우리와 함께 하고 계십니다. 지혜가 필요하세요? 구하는 자에게 후히 주시고 꾸짖지 아니하시는 분께 구해보세요. 하나님은 하나님을 경외하는 자와 하나님의 뜻을 구하는 자에게 지혜와 명철을 주신다고 약속하셨습니다. 매일 하루를 시작하기 전, 하나님을 뵙는 것이 뛰어난 지혜의 비밀이랍니다!

기도 I 하나님, 오늘도 저에게 좋은 하루를 허락해 주셔서 감사드립니다. 하나님, 하나님이 세상을 지으신 그 지혜, 솔로몬이 공의로운 재판을 할 수 있었던 그 지혜를 저에게도 주세요. 제가 어떤 공부를 하든지, 하나님의 지혜로 공부하게 해주세요. 하나님을 제 인생의 주인으로 섬기며 하나님께서 주시는 지혜로 세상을 살아가기를 원합니다. 예수님의 이름으로 기도드립니다. 아멘.

흔적남기기

94 첫 아침을 주님과 함께

내가 주께 부르짖었사오니 나를 구원하소서 내가 주의 증거들을 지키리이다 내가 날이 밝기 전에 부르짖으며 주의 말씀을 바랐사오며 주의 말씀을 조용히 읊조리려고 내가 새벽녘에 눈을 떴나이다(시편 119:146-148)

영국의 노예 해방 운동가 윌리엄 윌버포스는 아들에게 새벽 기도의 중요성에 관해 편지를 썼습니다.

"사랑하는 아들아, 내가 네게 원하는 것이 하나 있단다. 그것은 결코 아침기도를 무시하거나, 짧게 해버리거나, 성급하게 마치는 일이 있어서는 안 된다는 것이다. 특히 골방에서의 하나님과의 교제를 등한히 하지 않도록 주의했으면 한다. 신앙생활에 있어서 이보다 치명적인 것은 달리 없다. 만약 네가 아침부터 하나님과 친근한 교제를 하게 된다면 너는 지금보다 더 훌륭하게 하나님께 쓰임 받을 수 있을 것이다."

까만 어두움을 밝게 비추는 일출을 본 적이 있나요? 항상 밤일 것만 같던 깜깜한 어두움은 물러가고 시간이 되면 해가 떠올라 세상을 환히 비춰 주지요. 하나님과 함께 새벽을 여는 사람은 아침 햇살만큼이나 찬란한 은혜가 임하는 것을 경험할 수 있습니다. 하나님과 조용히 대화하는 시간은 그 언제보다 마음이 편안하고 즐겁습니다. 하나님께 나의 첫 시간을 드려보세요. 하루가 하나님의 은혜로 가득 채워질 것입니다.

기도 | 하나님, 급한 공부가 있더라도 하나님과의 기도 시간은 대충 지나가지 않겠습니다. 하나님과의 관계가 바로 서지 않으면, 그 어떤 것도 의미가 없음을 고백합니다. 아침마다 하나님께 기도드리고 말씀을 묵상함으로 하루를 시작하게 해주세요. 하나님의 사랑을 느낄 수 있는 아침이 너무나도 좋습니다. 세상 욕심에 빠져서 기도 시간을 소홀히 여기고 공부에만 몰두하지 않도록 주님께서 저의 마음을 지켜주세요. 예수님의 이름으로 기도드립니다. 아멘.

흔적남기기

93 은혜도 모르는 거지와 신하들

하나님이 능히 모든 은혜를 너희에게 넘치게 하시나니 이는 너희로 모든 일에 항상 모든 것이 넉넉하여 모든 착한 일을 넘치게 하게 하려 하심이라(고린도후서 9:8)

옛날, 신앙심이 돈독한 어떤 성주(城主)가 식사를 하면서 감사할 줄 모르는 신하들의 자세를 고치기로 마음먹고 한 거지를 식탁에 초청했습니다. 거지는 평생에 처음 먹어보는 기름진 음식으로 한껏 배를 채우고, 거기다 성주와 한 테이블에서 식사하는 영광을 누렸습니다.

그러나 그 거지는 분에 넘치는 식사를 마음껏 한 후 성주의 배려에 한마디 감사하다는 말도 없이 그냥 나가 버렸습니다. 이 모습을 본 신하들은 몹시도 화를 냈습니다.

그저 모든 광경을 침착하게 보기만 하던 성주는 그제야 입을 열어 웃으며 말했습니다.

"내가 보기에는 그대들도 거지와 다를 게 없소. 그대들도 역시 날마다 우리에게 모든 것을 거저 주시는 하나님께 감사드리지 않고 있잖소."

모든 은혜를 너희에게 넘치게 하셔서, 우리로 모든 일에 항상 모든 것이 넉넉하여 모든 착한 일을 넘치게 하는 것이 은혜로우신 하나님의 뜻이랍니다. 그런데 우리는 하나님께 너무도 인색합니다. 어떤 특별한 일에는 감사하면서도 늘 우리에게 주어지는 참으로 소중한 것들에는 감사하는 마음을 잊어버리기 쉽습니다. 감사에는 작고 큼이 없겠지요. 모두가 다 하나님이 주신 것이기에 그렇습니다.

늘 환경 탓만 하고 감사할 줄 모르고 살아간다면, 아무런 유익도, 승리도 내게 머물지 못할 것입니다. 우리에게 넘치는 승리를 주심을 믿으며 감사의 생활을 합시다.

기도 | 은혜로우신 하나님, 특별한 일이 있어 감사드리는 것이 아니라 날마다 부어 주시는 은혜에 감사할 수 있게 해주세요. 숨 쉴 수 있는 공기를 주셔서 감사합니다. 일용한 양식을 주셔서 감사드립니다. 공부할 수 있는 환경을 허락해 주셔서 감사합니다. 하나님께서 이 모든 것을 주셔서 저에게 모자람 없이 채워 주심을 감사드립니다. 예수님의 이름으로 기도드립니다. 아멘.

흔적남기기

92 호텔에서 거절당한 부통령

너희의 단장은 머리를 꾸미고 금을 차고 아름다운 옷을 입는 외모로 하지 말고 오직 마음에 숨은 사람을 온유하고 안정한 심령의 썩지 아니할 것으로 하라 이는 하나님 앞에 값진 것이니라(베드로전서 3:3-4)

1775년, 미국의 벌티모아 시의 가장 큰 호텔의 매니저가 찾아온 한 손님을 거절해 돌려보냈습니다. 손님의 차림새가 농부의 차림새인지라 자기 호텔의 품위를 떨어뜨릴까 해서였습니다. 그 손님은 아무 말 없이 호텔을 나가서 다른 호텔에 방을 얻었습니다.

그 손님을 돌려보낸 매니저가 나중에 알고 보니, 그 손님은 당시 미국의 부통령으로서 전체 국민의 존경을 받는 애국자, 토마스 제퍼슨이었습니다. 매니저는 서둘러 제퍼슨 부통령에게 가서 다시 자기들의 호텔에 돌아오시라고 부탁을 했습니다. 그러자 제퍼슨 부통령은 정중하게 다음과 같이 말했습니다.

"당신의 주인에게 내가 방을 얻었다고 전해 주시오. 그리고 그 호의에 내가 감사한다고 말해 주시오. 또한 미국의 먼지 묻은 한 농부에게 방을 줄 수 없는 호텔이라면, 미국의 부통령도 유숙시킬 수 없는 호텔일 것이라고 전해 주시오."

하나님은 사람의 중심을 보시는 분이십니다. 외모로 사람을 판단하지 않으십니다. 우리도 외모로 사람을 함부로 판단해서는 안 됩니다. 나보다 못나고, 공부도 못하고, 또는 못 산다고 판단하지 마십시오. 우리가 보아야 할 것은 속사람입니다. 또한 나 자신도 외모보다 속사람을 단장할 수 있는 사람이어야겠습니다. '오직 마음에 숨은 사람을 온유하고 안정한 심령의 썩지 아니할 것'으로 속사람을 단장하십시오. 이는 하나님 앞에 값진 것이라고 말씀하십니다. 말씀으로 여러분의 속사람을 채우고 기도로 치장하십시오. 찬송과 감사로 향기를 발하십시오. 하나님 앞에 값진 것이 무엇인지 분명히 기억하기 바랍니다.

기도 | 하나님, 이 세상은 사람을 외모로 평가하고 있습니다. 그것이 옳지 않은 것이라는 것을 잘 알면서도 저 또한 마음을 가꾸기보다 외모를 가꾸는 시간이 더 많습니다. 하나님, 제가 이 세상보다 하나님을 더 사랑하게 하시고 가장 중요한 것은 마음을 정결하게 하여 하나님의 사람으로서 인정받는 것이라는 것을 기억하게 해 주세요. 날마다 말씀으로 새 힘을 주시는 하나님께 감사드립니다. 예수님의 이름으로 기도드립니다. 아멘.

흔적남기기

91 바흐의 "하나님께 영광"

그런즉 너희가 먹든지 마시든지 무엇을 하든지 다 하나님의 영광을 위하여 하라(고린도전서 10:31)

요한 세바스찬 바흐(Johann Sebastian Bach)는 1685년 3월 23일 독일 투링기아 주 아이센나흐에서 출생했습니다.

그의 일생에 있어서 가장 큰 명예를 얻게 한 것은, 라이프치히에 있는 동안 작곡한 종교에 관한 곡들이었습니다. 이 기간 중에 바흐는 수많은 성가, 칸타타와 수난(Passion) 음악을 만들었습니다. 하나님께서는 그에게 음악적인 감동을 주셨습니다. 엄격한 루터교 신자였던 그는 자신의 음악을 늘 하나님의 영광과 연결시켰습니다.

"모든 음악의 유일한 목적은 하나님께 영광을 돌려보내고, 사람에게 즐거운 감정을 솟아나게 하는 것이다"

바흐는 음악의 근원을 하나님께 있다고 믿었습니다. 음악을 주의 영광을 위해 쓰지 않으면 안 된다고 믿었습니다. "하나님께 영광"이라는 그의 음악 사상은, 모든 예술의 최고 목적을 달성한 것이라고 평가를 받고 있는'마태수난곡'에 여실히 나타나 있습니다. 이 곡은 하나님께서 그에게 친히 계시하셨다는 것을 보여줍니다. 즉 주님께서 받으신 고난에 대한 음악적인 묘사는 십자가를 지고 갈보리 산으로 향해 가신 예수님의 사랑에 대한 감격을 나타냅니다. 그가 만일 자기 생애에서 하나님께 대한 믿음이 이처럼 강렬하지 않았더라면, 자신의 경건한 감정을 그의 음악에서 나타내지 못했을 것입니다.

우리는 무엇을 하든지 하나님의 영광을 위해서 합니다. 그것은 모든 일에, 예수님을 힘입어 하나님께 감사드리는 것이기도 합니다(골3:17). 뜻을 정하십시오. 나의 명예와 영광이 아닌 하나님의 영광을 위하여 사는 삶의 고백이 나의 모든 영역에 이루어지게 하십시오. 그것은 우리가 끝까지 달릴 힘입니다. 주님의 영광을 향하여 달려가십시오.

기도 | 영광의 하나님, 최고의 찬사를 받는 바흐의 곡은 바흐의 삶을 말해주는 것이기도 했습니다. 그의 하나님을 향한 사랑, 뜨거운 믿음, 확고한 의지를 본받기 원합니다. 하나님, 저도 나의 영광을 위해서가 아니라 하나님의 영광을 위해서 살기로 뜻을 정합니다. 공부와 꿈, 앞으로의 삶이 모두 주님의 영광을 향하여 이루어지도록 해주세요. 하나님의 영광을 위해 겸손하게 하나님의 뜻을 따르며 살겠습니다. 예수님의 이름으로 기도드립니다. 아멘.

흔적남기기

90 성경책을 보고 싶습니다

믿음이 없어 하나님의 약속을 의심하지 않고 믿음으로 견고하여져서 하나님께 영광을 돌리며 (로마서 4:20)

위대한 하나님의 사람인 D. L. 무디(Moody)에 관한 이야기입니다. 하루는 어떤 청년이 무디를 찾아와서는 물었습니다.

"선생님, 선생님은 성경 말씀을 사랑하고 그 말씀으로 평생을 살아오신 분인데, 선생님의 성경을 한 번 보고 싶습니다."

"나의 성경이 뭐 그리 궁금한가요?"

무디는 자기를 찾아온 청년에게 자신의 성경을 보여주었습니다. 그 성경에는 각각의 페이지마다 줄이 그어져 있고, 메모가 되어 있었습니다. 구구절절 색연필로 그어져 있었고, 깊은 묵상의 언어들로 빽빽하게 채워져 있었던 것입니다. 또, 창세기부터 계시록까지 성경 도처에는 'T. P.'라는 글자가 씌어 있었습니다. 그 청년은 무디에게 이 알파벳이 무엇이냐고 물었습니다. 무디는 빙그레 웃으면서 대답하였습니다.

"이것은 「실험해 보았더니 입증되었다」라는 뜻입니다."

무디는 창세기에서부터 계시록까지 읽으면서 실제 삶 속에서 체험을 하였습니다. 어느 말씀, 어느 구절 하나라도 생활 속에 적용될 수 없는 말씀이 없으며, 이 말씀은 곧 그대로 그에게 생명과 능력이 되었던 것입니다. 하나님의 말씀은 어느 한 시대의 이야기가 아닌, 영원한 것이기 때문입니다.

성도는 이 말씀으로 살며, 매일매일 하나님의 은혜를 체험하고, 하나님을 인격적으로 만나는 경험이 있어야 합니다. 하나님께서는 우리에게 이렇게 명령하십니다.

"너희는 여호와의 선하심을 맛보아 알지어다"(시 34:8).

기도 | 하나님, 매일 하나님의 은혜를 체험할 수 있게 해 주셔서 감사드립니다. 매일 말씀을 묵상하고 기도함으로 인해 하나님과 교제하도록 해주셔서 또한 감사드립니다. 저도 무디와 같이 하나님의 말씀을 체험하며, 그 능력으로 살아가도록 이끌어 주세요. 하나님의 선하심을 매일매일 맛보아 알도록 인도해 주세요. 하나님이 주시는 지혜로, 하나님의 선한 역사하심을 따라 살아가겠습니다. 예수님의 이름으로 기도드립니다. 아멘.

흔적남기기

89 주님, 저를 지나쳐 버리지 마옵소서

조금 나아가사 얼굴을 땅에 대시고 엎드려 기도하여 이르시되 내 아버지여 만일 할 만하시거든 이 잔을 내게서 지나가게 하옵소서 그러나 나의 원대로 마시옵고 아버지의 원대로 하옵소서 하시고(마태복음 26:39)

크로스비(Fanny Jane Crosby) 여사는 생후 1개월쯤 되었을 때 고열 감기로 눈병이 났는데, 그 집 가정부가 음식을 만들다가 뜨겁게 데운 겨자즙을 크로스비의 눈에 닿게 하여 장님이 되고 말았습니다. 그녀는 시각장애를 가지고 있었지만 장성한 뒤에 8천여 편의 찬송시를 썼으며, 우리가 사용하고 있는 찬송가에도 애창곡이 많이 있습니다.

한 기자는 크로스비가 90세 가까운 생일이 되었을 때 "지금 소원이 무엇입니까?"라고 물었습니다. 기자는 당연히 눈을 떴으면 좋겠다고 대답하리라 생각했는데, 크로스비 여사는 다른 대답을 했습니다.

"나는 지금처럼 장님이 되기를 바랍니다. 왜냐하면 세상의 더러운 것을 보지 아니한, 오염되지 아니한 깨끗한 눈을 가지고 하나님의 나라에 가서, 가장 처음으로 주님을 볼 수 있기 때문입니다."

그의 찬송가 중에 우리말로 '인애하신 구세주여(찬 337, 개정판 찬송가 279)'라고 번역된 찬송이 있습니다. 그 원제목은 '오, 자비하신 주님, 나를 지나쳐 가지 마시옵소서.'입니다. 그것은 '나의 비천한 애원이지만 그냥 지나쳐 버리지 말고 들어 주소서'란 의미를 포함하고 있습니다.

크로스비 여사는 늘 기도와 간구하는 사람이었습니다. 기도할 때에 자신의 하나님이 얼마나 위대한 하나님이신지, 그리고 자신은 그 앞에서 얼마나 작은지를 늘 발견했습니다. 우리도 기도할 때 겸손해지고, 또 겸손한 자만이 기도할 수 있습니다. 기도는 하나님의 뜻을 구하는 것입니다. 예수님도 하나님이셨지만, 낮은 모습으로 하나님 아버지의 뜻을 구했습니다. 겸손히 기도의 자리로 나아가세요. 그 자리는 나의 뜻이 아닌 하나님의 뜻을 구하는 자리입니다.

기도 | 하나님, 저는 제 마음의 소원만을 구했습니다. 빨리 이 시기가 지나가고 좋은 성적을 얻어 원하는 대학에 들어가는 것을 더 바랐습니다. 그러나 이 시기가 저에게 꼭 필요하며, 완전하신 하나님의 계획이 있기에, 이제는 주님을 더 신뢰하기를 원합니다. 저로 하나님 아버지의 뜻을 구하게 해주세요. 작은 자의 기도를 결코 지나치지 않으시는 하나님께 감사드립니다. 예수님의 이름으로 기도드립니다. 아멘.

흔적남기기

88 무를 거꾸로 심게 한 선교사

사무엘이 이르되 여호와께서 번제와 다른 제사를 그의 목소리를 청종하는 것을 좋아하심같이 좋아하시겠나이까 순종이 제사보다 낫고 듣는 것이 숫양의 기름보다 나으니(사무엘상 15:22)

우리나라에 기독교가 전파되던 초창기에, 선교사로 우리나라에 오신 말콤 C. 펜윅 선교사님의 일화입니다. 어느 날, 펜윅 선교사님이 자기의 제자들을 불러 모았습니다. 그리고 무를 하나씩 주면서 무 잎은 땅속으로, 무는 하늘로 올라가도록 심으라고 명령하였습니다. 그러자 제자들은 "아마 선교사님이 서양에서 무를 심어보지 못했나 봐, 아마 무가 열매인 줄로 잘못 아신 모양이지?" 하며 전부 무를 땅속으로 무 잎사귀는 하늘로 오게 심었습니다. 정상적으로 심은 것이지요.

그런데 한 사람은 선교사님 말씀대로 무를 심었습니다. 동료들이 이 사람을 보고 "아니, 선교사님이 모르셔서 그렇게 시킨 건데, 무식하게 무를 그렇게 심으면 어떡하나?" 하고 흉을 보았습니다.

그런데 펜윅 선교사님이 돌아오셔서 자기의 말대로 무를 거꾸로 심은 제자만을 칭찬하였습니다.

"내가 무 심는 법을 몰라서 그렇게 시킨 것이 아니고 여러분들이 얼마나 순종하는지, 순종이 얼마나 중요한지를 가르치고 싶어서 그렇게 시킨 것입니다."

나머지 제자들은 얼굴을 붉힐 수밖에 없었습니다.

순종은 하나님을 사랑하는 자발적 마음에서 우러나오는 우리의 행함입니다. 아무리 열심을 내어 열정적으로 주님을 예배하고 찬양하여도, 주님의 말씀에 대한 순종이 없다면 우리는 하나님을 진실로 사랑하는 것이 아닙니다. 우리의 중심을 살피시는 하나님을 속일 수 없답니다. 하나님께 나의 열심을 드리는 것도 좋지만, 그보다 지금 나에게 원하시는 것, 또 지금 있기를 원하시는 그 자리에 "아멘" 하여 기쁨으로 나아가는 것이 하나님께서 정말로 원하시는 것입니다. 때로 우리는 이해할 수 없는 경우에도 순종해야 할 때가 있습니다. 하지만 그때야말로, 하나님에 대한 우리의 사랑이 드러나는 때입니다.

기도 | 사랑하는 하나님, 하나님은 제 중심을 보시는 분입니다. 나의 어떠한 열정적인 예배보다도 순종을 원하시는 주님. 이해할 수 없을 때가 있을지라도 순종하겠습니다. 주님을 사랑하는 마음으로 기쁘게 주님의 말씀을 행하기로 결정합니다. 저를 주님의 길로 이끌어 주세요. 예수님의 이름으로 기도드립니다. 아멘.

흔적남기기

87 존 뉴턴의 거듭남

너희 생각에는 어떠하냐 만일 어떤 사람이 양 백 마리가 있는데 그 중의 하나가 길을 잃었으면 그 아흔아홉 마리를 산에 두고 가서 길 잃은 양을 찾지 않겠느냐 진실로 너희에게 이르노니 만일 찾으면 길을 잃지 아니한 아흔아홉 마리보다 이것을 더 기뻐하리라 이와 같이 이 작은 자 중의 하나라도 잃는 것은 하늘에 계신 너희 아버지의 뜻이 아니니라 (마태복음 18:12-14)

존 뉴턴은 어렸을 때, 경건한 신앙인이었던 어머니의 영향으로 신앙적인 훈련을 받았습니다. 일곱 살 되던 해에 어머니가 폐병으로 돌아가시고 난 후, 지중해를 오가는 상선의 선장이었던 아버지를 따라 열 한 살때부터 선원이 되었습니다. 선원들과 함께 살아가면서 존 뉴턴은 성격이 거칠어지고 삐뚤어지기 시작하였습니다.

그러던 중에, 배 안에서 우연히 『그리스도를 본받아』라는 책을 발견하고 그 책을 읽었습니다. 그는 책을 읽는 동안 오랫동안 그의 영혼 속에서 깊이 잠자고 있던 어머니의 기도 소리와 찬송 소리를 다시 들을 수 있었습니다. 그는 무릎을 꿇고 눈물을 흘리며 하나님께 회개하였습니다. 그리고 새로운 삶을 위해 출발했습니다. 지금까지의 모든 생활을 정리하고, 하나님의 복음을 전파하는 사명을 받아 목사의 길을 걷게 되었습니다.

그리고 1779년, 찬송가 '나 같은 죄인 살리신'을 작사하여 미국 민요 Amziging Grace 곡에 붙여 부르게 되었습니다. 이 찬송가에서 그는 인생의 가장 밑바닥에서 방황하던 자신을 건져 주신 하나님의 사랑과 자비에 늘 감사하는 생활을 하게 된 그의 마음을 그대로 나타내었습니다. 이 찬송은 많은 성도들에게 큰 감동을 주고 있습니다.

내 지금 모습이 얼마만큼 하나님과 멀어져 있든지, 하나님은 우리를 새롭게 하시는 분이십니다. 그릇 행한 일이 있다면 그 자리에 머물지 말고 하나님께로 나아오세요. 주님께 모든 것을 아뢰세요. 그러면 하나님께서는 반드시 사랑으로 감싸주실 것입니다.

기도 | 하나님, 죄인인 저를 살려 주신 은혜에 감사드립니다. 존 뉴턴이 우연히 『그리스도를 본받아』를 읽게 되어 하나님께 회개하고 새 출발을 하게 되었던 것처럼, 저도 말씀묵상을 통해 힘들고 어려운 시기에 새로운 마음으로 공부에 임하고 있습니다. 또 존 뉴턴의 어머니와 같이 저를 위해 기도해 주시는 분들을 허락해 주셔서 감사드립니다. 그분들을 하나님께서 축복해 주세요. 이 시기를 잘 이겨내고 멋진 사람으로 성장하겠습니다. 예수님의 이름으로 기도드립니다. 아멘.

흔적남기기

86 행복을 찾아서

이스라엘아 네 하나님 여호와께서 네게 요구하시는 것이 무엇이냐 곧 네 하나님 여호와를 경외하여 그의 모든 도를 행하고 그를 사랑하며 마음을 다하고 뜻을 다하여 네 하나님 여호와를 섬기고 내가 오늘 네 행복을 위하여 네게 명하는 여호와의 명령과 규례를 지킬 것이 아니냐 (신명기 10:12-13)

한 임금님이 죽을 병에 걸리게 되었습니다. 임금님의 병을 고칠 방법이 하나 있는데, 그것은 행복한 사람을 찾아내어 그 사람의 속옷을 벗겨다가 임금님께 입혀 드리게 되면 임금님께서는 다시 건강해질 수 있다는 것이었습니다.

신하들은 전국을 돌아다녔지만 행복한 사람은 한 명도 찾아낼 수가 없었습니다. 돈 많은 사람은 병이 들었고, 건강한 사람은 가난했고, 건강하고 부자인 사람은 부인이 악독스럽거나 또는 자식들이 속을 썩이고 있었습니다. 누구나 다 어떤 불안과 갈등을 지니고 있었습니다. 그러던 어느 날 밤, 한 신하가 가난한 오두막집 옆을 지나가다가 누군가가 이렇게 말하는 소리를 들었습니다.

"하나님, 감사합니다. 오늘도 일거리가 넉넉했고 배도 부르고 잠자리도 주시니 더 바랄게 무엇이겠습니까?"

신하는 기뻐하며 하인에게 그 사람의 속옷을 벗겨오되, 그 대신 그가 요구하는 대로 많은 돈을 주고 그 속옷을 임금님께 가져다드리라고 하였습니다. 하인들은 그 행복한 사람에게로 달려가 속옷을 벗기려 하였으나 그 행복한 사람은 너무나 가난하여 속옷조차 입고 있지 않았습니다.

인간의 참된 행복은 결코 물질에 있지 않습니다. 무엇이 참 행복일까요? 오늘 하나님은 우리에게 하나님을 사랑하는 것이라고 말씀합니다. 하나님을 경외함으로 행하고, 마음과 뜻을 다해 하나님을 섬기는 것이 참 행복이라고 말씀해 주십니다.

정말로 중요한 것은 우리의 눈에 보이지 않습니다. 보이는 것으로 행복하려고 했나요? 성적, 돈, 건강, 명예... 그러나 우리의 진정한 행복의 근원은 영원한 하나님 한 분뿐이십니다.

기도 | 하나님, 성공을 해야만 행복한 것이 아니라, 이미 영원한 행복의 이유이신 하나님이 저와 함께 하심을 알려주셔서 감사드립니다. 지금의 시간은 나의 행복을 위해, 나의 성공을 위해 공부하는 것이 아니라 하나님을 사랑하고 경외하며 섬길 수 있는 기회임을 알게 해주셔서 감사드립니다. 주님의 말씀대로 살게 해주세요. 주님의 말씀을 지키면서 언제나 주님과 함께 있게 해주세요. 예수님의 이름으로 기도드립니다. 아멘.

흔적남기기

85 회개의 선물로 받은 복

볼지어다 내가 문 밖에 서서 두드리노니 누구든지 내 음성을 듣고 문을 열면 내가 그에게로 들어가 그와 더불어 먹고 그는 나와 더불어 먹으리라 (요한계시록 3:20)

주유소 지배인으로 일하고 있는 알 존슨이 20세 되던 해, 두 친구와 함께 캔자스의 한 은행을 털었습니다. 그런데 그날 밤, 두 친구는 교통사고로 목숨을 잃었고, 당시 사건을 목격한 은행원들의 잘못된 진술로 존슨은 범인으로 지목을 받지 않게 되었습니다. 사건은 그대로 묻혀 버리고 세월이 흘렀습니다. 존슨도 이제는 자신이 범죄자인 것을 까맣게 잊어버렸습니다. 그리고 그는 결혼하여 행복한 나날을 보냈습니다.

그러던 어느 날, 그의 앞으로 '하나님의 구원 계획'이라는 제목의 작은 책자가 배달되었습니다. 존슨은 책을 읽어 내려 가면서 자신이 과거에 지었던 범죄를 다시금 깨닫고 깊이 뉘우쳤으며, '이제야말로 용서받을 때'인 것을 알게 되었습니다. 그는 곧 자수를 하게 되었습니다.

이 사건을 영영 해결할 수 없을 줄 알았던 주 당국에서는 범죄자가 자수를 해온 데 대하여 깜짝 놀랐습니다. 신문은 이 일을 대서특필로 보도했고, TV 뉴스에서도 '알 존슨'의 이름을 들을 수 있었습니다. 그러나 존슨은 이 모든 상황에 개의치 않았습니다. 그의 마음속에는 이제껏 맛볼 수 없었던 평안이 임했기 때문이었습니다.

구속되어 처벌을 받을 줄 알았던 그는 캔자스 주의 효력 정지 법령에 의해 석방되었고, 단지 그가 훔쳤던 돈만 다시 갚으면 되었습니다. 지금 그는 세 아이의 아버지로, 한 여인의 남편으로, 그리고 하나님의 귀중한 아들로서 생활하고 있습니다. 이렇듯 회개에 따르는 것은 과거의 죄에 대한 형벌이 아니라 마음의 평안과 행복입니다.

끊임없이 기다려 주시며 내 마음의 문을 두드리시는 분이 계십니다. 바로 예수 그리스도이십니다. 지금 문밖에서 두드리는 소리가 들리지 않나요? 우리의 털끝만 한 죄라도 하나님께 간구하며 기도합시다. 하나님은 그것을 원하고 계십니다.

기도 | 하나님, 거짓말이란 없는 것을 있는 것처럼 꾸미는 것도 맞지만, 있는 것을 없는 것처럼 묵인하는 것도 해당되겠지요. 그저 이 상황을 어떻게든 모면해 보고자 저에게 유리하도록 숨겨온 거짓말들을 지금 이 순간 하나님 앞에 내려놓습니다. 하나님, 저의 작은 죄 하나라도 더 있다면 그 죄를 하나님 앞에 자백할 수 있도록 도와주세요. 그리고 하나님 안에서 평화와 자유를 누릴 수 있게 허락해 주세요. 예수님의 이름으로 기도드립니다. 아멘.

흔적남기기

84 깨닫는 그 순간에서부터

복음에는 하나님의 의가 나타나서 믿음으로 믿음에 이르게 하나니 기록된 바 오직 의인은 믿음으로 말미암아 살리라 함과 같으니라 (로마서 1:17)

허드슨 테일러가 중국에서 선교사로 있을 때, 어느 젊은 중국인이 찾아와서 물었습니다.

"저는 세례를 받고 기독교인으로서 정식으로 출발하려고 합니다. 그런데 성경에 대해서는 어느 정도 알아야 하며, 신앙의 연조가 몇 년이나 되어야 합니까?"

그의 질문에 테일러 선교사는 이렇게 반문했습니다.

"램프의 심지가 얼마 동안 타야 빛을 내지요?"

"그야 물론, 심지에 불을 붙이는 순간부터 빛을 내지요."

그의 대답을 들은 테일러 선교사는 이렇게 말해 주었습니다.

"그렇습니다. 기독교인이 되는 것도 다를 것이 없습니다. 성경에 대한 지식이 어느 정도이며, 또 몇 해 동안 교회 생활을 하였는가 하는 문제는 그리 중요하지 않습니다. 램프의 심지에 불이 붙는 순간부터 빛이 나는 것과 마찬가지입니다. 오랫동안 신앙생활을 하지 않았거나 성경에 대한 지식이 별로 없다고 할지라도, 하나님께서 나를 불러 주시고 사용하기 원하신다는 것을 알고 겸손히 받아들이기만 하면 그 순간부터 남녀노소, 빈부나 귀천을 막론하고 벌써 빛이 나기 시작할 것입니다."

그의 이야기를 듣고 있던 중국인은 기뻐하며 돌아갔는데, 후일 중국의 교회를 위해 크게 공헌하는 인물이 되었습니다.

구원은 하나님으로부터 왔습니다. 우리의 힘으로 신앙생활을 잘할 수 있는 것이 아니라 램프의 심지처럼, 구원의 하나님 손에 붙들리면 누구나 다 잘할 수 있습니다. 구원의 은혜는 전혀 받을 자격이 없는 자에게 주어지는 하나님의 은혜랍니다. 이 은혜는 오직, 은혜를 주시는 하나님을 믿는 믿음으로 받을 수 있습니다. 이 구원의 기쁨을 함께 나눠주세요. 내 옆에 있는 친구도 하나님이 구원해 주실 것입니다.

기도 | 구원의 하나님, 하나님을 영접한 시간이 길든지 짧든지, 또 성경을 많이 알든지 모르든지 하나님을 믿는 자마다 하나님의 자녀라는 것을 배웠습니다. 오직 중요한 것은 하나님이 살아계시고 역사하신다는 것을 믿는 것입니다. 나를 환난에서 구원하시고 이끌어 주시는 하나님, 제 친구에게도 이 기쁨을 나누겠습니다. 예수님을 전하겠습니다. 능력으로 제 친구를 구원해 주세요. 감사드립니다. 예수님의 이름으로 기도드립니다. 아멘.

흔적남기기

83 의로운 결단과 영광

너는 범사에 그를 인정하라 그리하면 네 길을 지도하시리라 스스로 지혜롭게 여기지 말지어다 여호와를 경외하며 악을 떠날지어다(잠언 3:6-7)

클리 브랜드 대통령의 일화입니다. 어느 주일 저녁에 두 친구가 클럽에 가려고 했습니다. 클럽으로 가던 길에 어느 예배당 앞을 지나가게 되었습니다. 마침, 저녁 예배를 드리기 가까운 시간이었습니다. 교회에서는 찬송 소리가 흘러나왔습니다. 게시판에 그날 저녁 설교의 제목이 붙어 있는데 "죄의 값은 사망이라"라고 씌어 있었습니다.

두 청년 중 한 명은 설교의 제목이 마음에 걸렸습니다. 그래서 친구에게 클럽에 가지 말자고 하였습니다. 성령님께서 그의 마음을 붙잡으시는 것 같았습니다. 그런데 한 청년은 클럽에 가겠다고 고집을 부렸습니다. 두 청년은 심하게 다투고 헤어지게 되었습니다.

그리고 한 청년은 집으로 가는 척하다가 예배당에 찾아가 예배드리고 회개하여 새사람이 되었습니다. 그는 그 이후에 정치학을 공부해서 대통령으로 당선되어 취임식을 하게 되었습니다. 모든 신문의 뉴스가 대통령 취임식에 관해 보도하는데 한 늙은 죄수는 그 신문을 보면서 눈물을 뚝뚝 흘리며 이렇게 중얼거렸습니다.

"이 사람이 30년 전에는 내 친구였는데 어느 날 주일 저녁에 헤어지고는 만나지 못했지. 그런데 이 사람은 대통령이 되고, 나는 일생을 교도소에서 감옥생활하다가 죽게 되었으니……."

세상에 속아 자신만을 믿고 사는 사람들은 죄에 빠지기 쉽습니다. 나 자신을 높이기보다 나의 생활이 하나님 중심이 될 때, 우리는 죄 때문에 넘어지지 않습니다. 대학입시는 이것과 별개라고 생각하는 학생들이 있을지도 모르겠습니다. 그러나 모든 일에는 하나님의 섭리가 함께 합니다. 나의 이 시간들이 나를 위한 것인지 하나님을 위한 것인지 생각할 수 있는 우리가 되기를 바랍니다. 영광은 하나님이 우리에게 주시는 것입니다. 우리가 하나님 중심으로 살아갈 때, 하나님이 주시는 영광도 누릴 수 있는 것입니다.

기도 | 하나님, 매 순간 주님을 인정하고 주님을 따르기 원합니다. 주님이 인도해 주시지 않으시면 죄의 길로 빠질 수밖에 없습니다. 하나님을 경외함으로 악을 멀리하게 해주세요. 공부할 때나, 학교 수업 시간에도 계속해서 하나님을 경외하게 해주세요. 대학 진학이 나를 위한 것이 아니라 하나님을 위한 것이 되도록 이끌어 주세요. 나의 경험과 방법을 의지하지 않고, 먼저 주님께 뜻을 구하며 나아갑니다. 예수님의 이름으로 기도드립니다. 아멘.

흔적남기기

82 평범한 진리

그런즉 너희는 이 언약의 말씀을 지켜 행하라 그리하면 너희가 하는 모든 일이 형통하리라(신명기 29:9)

캐나다의 한 가난한 집안에서 태어나 당대에 거부가 된 깁슨(Gipson)이라는 사람이 있습니다. 그는 처음에 물방앗간 심부름꾼으로 갖은 고생을 겪으면서도 하나님의 도우심을 의지하였습니다. 그리고 언제나 자신에게 주어진 일에 최선을 다하려 하였습니다.

하나님의 도우심과 자신의 성실함으로 깁슨은 마침내 산림 20만 에이커와 철도 280 마일을 소유하는 부자가 되었습니다. 인터뷰를 위해 찾아온 기자가 성공의 비결을 물었습니다.

"저는 세 가지를 꼭 지켰습니다. 첫째는 절대로 술을 마시지 말 것, 둘째는 수고하는 것을 싫어하지 말고 부지런히 일할 것, 셋째는 하나님을 믿고 매사에 염려하지 않는 것이었지요. 이 세 가지가 오늘의 저를 있게 만든 것입니다."

그러자 그 기자는 이상하다는 듯이 다시 되물었습니다.

"그거야 누구나 다 아는 평범한 이야기가 아닙니까?"

그때 깁슨은 웃으며 이렇게 말했다고 합니다.

"그렇습니다. 하지만 알고 있다는 것은 중요한 일이 못됩니다. 누구나 다 아는 평범한 진리이지만 실천하지 않는다면 무슨 소용이 있겠습니까? 정말로 중요한 것은 작은 것 하나라도 실천에 옮기는 것입니다."

사람들은 특별한 이야기를 듣고 싶어 합니다. 그러나 그것을 그대로 실천하는 사람은 적습니다. 그래서 그들은 성공의 기쁨을 누리지 못할뿐더러 아무런 변화도 경험하지 못합니다. 예수님께서도 말씀을 듣고도 행치 않는 사람이 어떠한지 보여주셨습니다. 모래 위에 집을 지은 사람과 같다고 하셨습니다. 이미 하나님이 약속하신 말씀들은 많습니다. 이제는 내가 그 말씀대로 순종하고 따를 때입니다.

기도 | 신실하신 하나님, 익히 들어와 알고 있던 주님의 말씀에 얼마큼 믿음으로 행하였는지 돌아봅니다. 어떤 성공의 이야기보다도 더욱 진리이신 주님의 말씀을 따르겠습니다. 주님의 말씀으로 저를 변화시켜 주시고 기쁨을 누리게 해주세요. 주님은 저에게 참 많은 축복의 말씀들로 약속해 주셨습니다. 이 말씀대로 행하며 주님 주신 복을 누릴 수 있도록 해주세요. 주님을 의지합니다. 예수님의 이름으로 기도드립니다. 아멘.

흔적남기기

81 외줄 수레를 탄 소녀

이와 같이 행함이 없는 믿음은 그 자체가 죽은 것이라(야고보서 2:17)

미국과 캐나다의 국경 지대에는 세계적으로 유명한 나이아가라 폭포가 있습니다. 어느 유명한 곡예사가 이 폭포 위의 양쪽 벼랑에 가느다란 쇠줄을 걸어 놓고, 이쪽 끝에서 저쪽 끝까지 줄을 타는 묘기를 몇 번이나 보여 주었습니다.

강가에 있던 수많은 구경꾼들은 그에게 찬사를 보냈습니다. 이번에는 외바퀴 수레를 줄 위에 놓고 붙들고 왔다 갔다 했습니다. 많은 사람들은 손에 땀을 쥐고 구경하며 감탄사를 연발하기에 이르렀습니다. 마지막에 그는 군중들에게 물었습니다.

"제가 다시 한번 더 이 줄 위를 가려고 하는데 여러분들 생각에 가능하다고 생각하십니까?"

지금까지 몇 번이나 보여 주었기 때문에 다들 가능하다고 박수를 보냈습니다. 그랬더니 그 곡예사는 군중들을 향해서 물었습니다.

"그러면 여러분 중에 어느 한 분이 이 수레에 올라타십시오."

그러나 한 사람도 일어나려 하지 않았습니다. 지금까지 박수를 치던 사람들은 내가 언제 그랬느냐는 듯이 누구 한 사람도 그의 재주를 믿고 선뜻 나서는 사람이 없었던 것입니다. 그런데 어린 여자아이 하나가 손을 번쩍 들며, 자신 있게 나왔습니다.

어린 꼬마는 수레에 성큼 올라앉았습니다. 그리고 곡예사는 이 꼬마와 함께 다시 벼랑에서 벼랑으로 건넜습니다. 구경꾼들은 대단히 놀라워했지만 알고 보니 그 아이는 곡예사의 딸이었습니다. 아이는 아버지를 믿었기에 외줄 수레를 탈 수 있었습니다.

기도 | 신실하신 하나님, 믿음에 행함이 따르지 않으면 죽은 것이라고 했는데, 저의 믿음은 어떠했나요? 믿는다고 말만 하지는 않았는지 돌이켜봅니다. 죽은 믿음이 아니라 산 믿음으로 주님을 따르게 해주세요. 믿음으로 하나님의 일하심을 보게 해주세요. 저를 움직이는 믿음이길 원합니다. 그냥 둘러서서 찬사를 보내는 구경꾼이 아니라, 아버지를 믿고 수레에 올라탔던 꼬마 아이와 같이 하나님 아버지를 신뢰함으로 공부하겠습니다. 예수님 이름으로 기도드립니다. 아멘.

흔적남기기

80 암송만 잘하는 딸

네 하나님 여호와의 명령을 지켜 그 길로 행하여 그 법률과 계명과 율례와 증거를 모세의 율법에 기록된 대로 지키라 그리하면 네가 무엇을 하든지 어디로 가든지 형통할지라(열왕기상 2:3)

데이브 비어만의 가정에서는 매주 성경을 한 구절씩 암송하기로 했고, 두 딸은 부모보다 더 성경암송을 잘했습니다. 어느 날 저녁 두 딸이 싸우기 시작했고, 싸우고 있을 때 아버지 비어만이 큰 딸을 불러서 "이번 주 성경 구절이 어디지?"라고 물었습니다. 그러자 딸은 "요한일서 4장 11절, 사랑하는 자들아 하나님이 이같이 우리를 사랑하셨은즉 우리도 서로 사랑하는 것이 마땅하도다"라고 줄줄 암송하며 대답했습니다. 그러고는 다시 방으로 들어가 더 싸우는 것이었습니다. 이것은 말씀을 알고 있지만 그대로 살지 못하는 작은 실례입니다.

말씀을 듣고도 실천하지 않는 사람을 두고 성경은 그가 거울을 보고도 얼굴의 더러움을 그대로 두는 사람과 같다고 말씀합니다. 말씀은 잘 아는데 우리의 삶으로 이어지지 않은 모습은 어떠한가요? 기독교 서적과 음반이 쏟아지고, 교회 출석 인구가 늘어나고 방송 설교가 넘치고 있지만 동시에 이혼, 범죄, 자살, 마약중독, 낙태 등 범죄가 번지고 있기도 합니다. 종교가 발전하는 것만큼 죄도 발전하고 있는 것입니다. 이런 문제의 해결은 하나님의 말씀을 받아들이고, 그것을 삶의 현장에서 그대로 실천할 때 가능합니다. 기억하세요. 우리는 '말'로 살아가는 사람이 아니라 '능력'으로 살아가는 사람입니다.

기도 | 하나님, 주님의 말씀을 알기만 하고 실천하지 않았던 모습을 회개합니다. 행하지 않았던 모습을 버리고 주님의 말씀에 순종하기로 결단합니다. '하나님을 사랑하고 네 이웃을 사랑하라'는 말씀이 온 율법서의 본뜻이라고 하셨는데, 이제부터 순종하여 주님을 예배하고 알아가는 시간을 절대 다른 것과 바꾸지 않고, 또 제 주위에 있는 사람들을 사랑함으로 베풀고 돕겠습니다. 예수님의 이름으로 기도드립니다. 아멘.

흔적남기기

79 시간과 기회

이 모든 일에 전심 전력하여 너의 성숙함을 모든 사람에게 나타나게 하라 네가 네 자신과 가르침을 살펴 이 일을 계속하라 이것을 행함으로 네 자신과 네게 듣는 자를 구원하리라 (디모데전서 4:15-16)

세 명의 아들을 둔 아버지가 있었습니다. 이 아버지는 자식들의 어려움을 모두 해결해 주는 아버지였습니다. 연말이 되자 아버지가 세 아들을 불렀습니다. "벌써 한 해가 다 갔구나. 그동안 너희들은 어떻게 한 해를 보냈는지 말해 보아라." 아버지의 이 이야기에, 첫째 아들이 우울한 표정을 감추지 못하고 대답했습니다.

"예, 저는 사업이 부진하여 많은 돈을 잃었습니다." 그러자 아버지가 여유 있게 말했습니다. "얘야, 네가 잃은 돈은 이 아비가 다 회복시켜 줄 테니 자신감을 잃지 말아라."

둘째 아들이 대답했습니다. "저는 직장 상사와 크게 다투었다가, 지금은 미움을 받아 한직으로 밀려나 힘든 근무를 하고 있습니다."

"살다 보면 그렇게 일이 잘 안 풀릴 때도 있단다. 그것도 그리 걱정하지 마라. 내가 네 직장 상사를 찾아가 이야기해 보겠다."

끝으로 셋째가 대답했습니다. "저는 1년 동안 아무 일도 없었습니다. 무언가를 해보려는 생각은 많이 했지만, 아직도 시작을 하지 못하고 있습니다. 지금은 아무런 결실도 없어 안타까울 뿐입니다."

셋째의 이 말에 아버지는 침통한 표정으로 말하는 것이었습니다.

"너는 정말 한 해를 잘못 보냈구나! 이 세상에서 무엇보다 값지고 소중한 시간을 아무것도 하지 않고 보냈으니 말이다. 이 아비도 그것만큼은 도무지 보상해 줄 방법이 없구나!"

시간은 절대적이고 또 필연적인 것이어서 한 번 사용하면 그것이 좋은 것이든 나쁜 것이든 도저히 회복이 되지 않습니다. 지금의 이 소중한 시간을, 물질이나 명예보다도 열 배, 백 배 더 소중히 사용하여야 하지 않을까요? 이 시간이 힘들고 지칠지라도 우리는 다시 돌이킬 수 없는 시간을 소중하게 생각하고 열심히 살아야 합니다.

기도 | 하나님, 지금의 시간을 허락해 주셔서 감사드립니다. 이 시간 동안 제가 해야 할 것은 전심전력하여 주님이 내게 허락하신 것을 충실히 하는 것입니다. 학교 수업과 공부, 지나가는 시간을 지혜롭게 사용할 수 있는 것은 오직 주님께 그 뜻을 물을 때뿐임을 고백합니다. 주님, 이 시간을 헛되이 보내지 않고, 또 계획만 하다가 실행하지 않는 일이 없도록 인도해 주세요. 삶을 풍부하게 살 수 있도록 지혜를 주시는 하나님께 감사드립니다. 예수님의 이름으로 기도드립니다. 아멘.

흔적남기기

78 최후의 응답

너희에게 인내가 필요함은 너희가 하나님의 뜻을 행한 후에 약속하신 것을 받기 위함이라(히브리서 10:36)

죠지 뮬러가 가장 시간을 많이 들여 기도한 제목이 있습니다. 그것은 자신의 어릴 적 친구 다섯 명이 예수님을 만나는 것이었습니다. 뮬러는 다섯 명의 친구를 위해서 계속 기도했습니다. 한 사람, 두 사람 믿기 시작했습니다. 그런데 끝까지 안 믿는 친구가 두 사람이 있었습니다. 뮬러는 두 친구를 위해서, 무려 52년간 계속 기도했습니다. 그러나 친구들은 요지부동이었습니다.

뮬러가 노년이 되어서 병석에 눕게 되었습니다. 서서히 자기 인생의 마지막 날이 가까이 오는 것을 느끼게 되던 어느 날, 그는 있는 힘을 다해서 주변 사람들에게 부탁을 했습니다.

"오늘 저에게 교회에서 말씀을 전할 수 있는 특권을 주십시오."

그는 자기 인생의 마지막 남은 힘을 가지고 간절하게 최후의 설교를 했습니다. 마지막 설교를 하던 그날, 기도 제목이던 그의 한 친구가 거기에 참석했다가 뮬러 목사의 설교를 듣고 회개하고 예수를 믿게 되었습니다. 그래도 나머지 한 친구는 여전히 믿지 않았습니다.

뮬러가 세상을 떠난 후에도 믿지 않던 친구가 뮬러가 죽었다는 소식과 함께 친구인 자기를 위해서 52년간이나 기도해 왔다는 소식을 들었습니다. 이 소식을 들은 이 친구는 결국 예수를 믿게 되었습니다. 그 친구는 영국 땅을 순회하면서 이런 간증을 했습니다.

"뮬러 목사의 기도는 다 응답되었습니다. 그리고 저는 그 최후의 응답입니다. 당신의 모든 기도도 다 응답됩니다."

하나님은 그분의 뜻으로 구하는 기도를 반드시 응답하십니다. 이 때에 필요한 것이 인내와 확신입니다. 하나님이 살아계신 것이 확실하다면, 그분의 약속도 확실한 것입니다. 기도했나요? 그렇다면 끝까지 신뢰함으로 기다리세요. 기도하면서 최후의 순간까지 열심히 노력한다면 하나님께서 귀한 열매의 결실을 보여주실 것입니다.

기도 | 신실하신 하나님, 주님의 말씀이 반드시 그 뜻하신 바를 이루고 나서야 하나님께로 돌아간다고 말씀해 주셔서 감사드립니다. 오직 저에게 필요한 것은 믿음과 인내임을 고백합니다. 포기하고 싶을 때 저를 붙잡아 주세요. 끝까지 기도할 수 있는 힘도 허락해 주셔서 하나님께 영광 돌리도록 해주세요. 감사드립니다. 예수님의 이름으로 기도드립니다. 아멘.

흔적남기기

77 너는 왜 못하느냐?

오직 성령이 너희에게 임하시면 너희가 권능을 받고 예루살렘과 온 유대와 사마리아와 땅끝까지 이르러 내 증인이 되리라 하시니라(사도행전 1:8)

“조선의 뵈지 않는 마음”이라는 기도문으로 유명한, 한국 선교사였던 언더우드 선교사의 이야기입니다.

언더우드(Horace Grant Underwood)는 원래 인도에 선교사로 갈 것을 작정하였습니다. 그런데 어느 날, 그에게 조선에 대한 이야기가 들려왔습니다. 그는 만나는 사람들마다 조선에 선교사로 갈 것을 권고하였지만 1년이 지나도록 지원자가 나타나지 않았습니다.

이런 그의 마음속에 ‘왜 너는 못 가느냐?’는 물음이 들려왔습니다. 그것은 성령님의 음성이었고, 그래서 그는 인도 대신 조선으로 가기로 작정하였습니다. 그래서 조선 선교사로 지원했습니다. 하지만 선교부는 자금이 없다고 거절하였습니다. 얼마 후에 다시 간청하였으나, 대답은 마찬가지였습니다.

그러던 중에 뉴욕의 한 장로교회로부터 청빙을 받았습니다. 오랜 생각 끝에 그는 청빙을 수락하기로 작정했습니다. 그리고 우체통에 청빙 수락서를 넣으려고 하는 순간이었습니다.

“조선에 갈 사람은 없느냐? 조선은 어떻게 할 것이냐?”

성령님의 음성이 생생하게 들려왔습니다. 그는 성령님의 음성을 따르기로 하고 청빙서를 장로교 본부 선교 사무실에 제출하였습니다. 시간이 흐른 후에, 언더우드는 회신을 받았습니다. 다음 회의 때 언더우드가 조선 선교사로 임명될 것이라는 내용이었습니다. 드디어 1884년 7월 28일에 장로교 선교본부는 언더우드를 최초의 조선 선교 목사로 임명하였습니다.

하나님은 나를 쓰시길 원하십니다. 우리에게는 각자 '퍼즐 조각'이 있는데, 그 퍼즐 중에 하나라도 빠지면 하나님 나라가 완성되지 않습니다. 하나님이 부르고 계시는데, 다른 사람을 보내라고 하지는 않았나요? 하나님의 부르심에 "제가 여기 있습니다. 저를 보내주세요!" 하고 나아가는 우리가 되길 원합니다.

기도 | 하나님, 저에게 하나님 나라를 완성하는 퍼즐 조각을 주셔서 감사합니다. 제가 그 자리에 있지 않으면 주님 나라가 완성되지 못합니다. 저는 부족하지만, 오직 하나님을 의지하여 주님의 부르심 앞에 순종합니다. 공부하는 모든 것과 저의 진로 모두가 하나님 뜻 가운데 있게 해주세요. 주님이 뜻하신 곳으로 가기 원합니다. 감사드립니다. 예수님의 이름으로 기도드립니다. 아멘.

흔적남기기

76 남을 행복하게 해주는 헨리 클레이

주께서 생명의 길을 내게 보이시리니 주의 앞에는 충만한 기쁨이 있고 주의 오른쪽에는 영원한 즐거움이 있나이다(시편 16:11)

헨리 클레이는 기쁨에 넘치는 삶의 비결에 대해 다음과 같은 간증을 했습니다.

"저는 아침마다 오늘도 제가 도울 수 있는 사람을 만나게 해달라고 기도합니다. 한 번은 구두를 사려고 상점에 들렀는데 점원이 아주 피곤한 모습으로 매상 전표를 쓰고 있었습니다. 점원의 얼굴에서는 기쁨이라고는 조금도 찾아볼 수 없었습니다. 그래서 제가 그 점원에게 이렇게 말했습니다.

'글씨를 정말 잘 쓰시는군요. 감탄했어요.'

그러자 그 점원은 아주 밝게 웃으면서 '고마워요. 정말 고마워요.'라고 했습니다. 그런 짧은 대화를 통해 점원의 얼굴은 환한 꽃으로 변했고, 힘이 솟아나는지 몸놀림에 활기가 넘쳤습니다. 제가 그 상점을 나올 때 점원은 정중하게 예의를 갖춰 '행복하십시오.'라고 인사했습니다. 그날 제 기분이 어땠는지 아십니까? 하루 종일 날아갈 듯이 기뻤습니다. 그것은 남을 기쁘게 한 보상으로 되돌려 받은 기쁨이었습니다."

이미 내게는 '생명의 길'이 있습니다. 주님은 우리에게 충만한 기뻠과 영원한 즐거움을 주셨습니다. 우리는 그 기쁨으로 내 주위에 있는 사람들에게, 작더라도 큰 힘이 되는 말을 건넬 수 있습니다. 작은 말 한마디가 감동을 줍니다. 따듯한 격려 한마디가 지치고 좌절한 내게 일어서게 하는 힘이 됩니다. 우리 서로 격려하며 사랑합시다.

기도 | 하나님, 주님으로 인해서 저에게는 이미 생명의 길이 마련되었고, 그 기쁨과 즐거움을 누리게 하셨습니다. 이 기쁨으로 제 주위의 사람들에게 기쁨을 건넬 수 있는 그리스도인이 되게 해주세요. 저의 눈이 주님을 바라보지 않으면 불행한 것 같고, 힘들기만 한 것 같았습니다. 그러나 오늘 말씀으로 주님을 보게 하시니 기쁨이 넘칩니다. 이 기쁨을 친구들에게 전하게 해주세요. 감사드립니다. 예수님의 이름으로 기도드립니다. 아멘.

흔적남기기

75 웨일즈의 부흥은 회개로 시작되다

그러므로 회개에 합당한 열매를 맺고 속으로 아브라함이 우리 조상이라 말하지 말라 내가 너희에게 이르노니 하나님이 능히 이 돌들로도 아브라함의 자손이 되게 하시리라(누가복음 3:8)

영국 웨일즈의 위대한 부흥은 한 작은 교회의 부인의 회개를 통해서 일어났습니다. 어느 날 이 부인이 주기도문을 하다가 그것을 끝낼 수가 없었습니다.

"우리가 우리에게 죄지은 자를 사하여 준 것같이..."

이 대목에 이르니 계속할 수가 없었습니다. 그녀가 미워하고 있는 한 형제의 얼굴이 떠올랐기 때문이었습니다. 그녀는 기도를 중단했습니다. 봉사도 중단했습니다. 그녀는 예배를 중단했습니다. 그리고 그녀는 밖으로 나갔습니다. 오랫동안 찾아보지 않았던 형제를 만나기 위해서였습니다. 그녀는 그 형제의 잘못을 지적한 것이 아니라 자기의 죄를 회개한 것입니다. 우리의 갈등은 당신의 책임이라고 말한 것이 아니라 나의 책임이라고 그 여자는 고백하기 시작했습니다.

"그리스도 안에서 하나님 사랑으로 형제를 사랑하지 못했던 내 죄를 회개합니다."

그때 하나님은 이 두 사람을 묶으셨습니다. 그 교회는 부흥이 일어났습니다. 그것은 웨일즈라는 도시에 위대한 부흥의 불길로 타올랐습니다.

이 부인은 미워하는 형제를 주의 사랑으로 사랑하지 못한 것을 회개하였습니다. 그 회개는 엄청난 은혜의 결과를 낳았습니다. 우리는 어떤가요? 혹시 친구를 용서하지 못하고 있지는 않나요? 나를 힘들게 하고 괴롭게 하는 자 때문에 기도가 나오지 않나요? 이 모든 것이 사탄의 계략임을 알아야 할 것입니다. 진정한 회개는 이처럼 흉악한 결박을 푸는 힘이 있습니다. 진정으로 회개합시다. 그리고 용서합시다. 그러면 여러분의 신앙생활이 새로워질 것이고 여러분이 섬기는 교회의 영적 부흥이 시작될 것입니다.

기도 I 하나님, 저의 말과 제가 하는 기도가 잘못되었다고 느낀 적이 없었는데 오늘의 이야기를 읽어보니 깨닫는 것이 많습니다. 제가 처한 상황과 나를 힘들게 하는 사람들을 미워하고, 그것을 용서하지 않은 채 하나님께 기도를 드리고 예배를 드려 왔습니다. 하나님, 다른 사람을 용서하지 않은 저를 용서해 주세요. 이제부터 모든 사람들을 사랑으로 섬기겠습니다. 예수님의 이름으로 기도드립니다. 아멘.

흔적남기기

74 믿음의 기도

믿음은 바라는 것들의 실상이요 보이지 않는 것들의 증거니 선진들이 이로써 증거를 얻었느니라 (히브리서 11:1-2)

영국의 자선 사업가 조지 뮬러는 오직 믿음의 기도로써 6천여 명의 고아를 길러냈습니다. 어느 날 고아원에 양식이 떨어졌다고 식사 담당자가 급히 전했습니다. 그러나 뮬러의 대답은 엉뚱했습니다.

"염려할 것 없네. 식사 종을 치고 아이들을 식당에 모으게."

종을 치자 아이들이 우르르 식당에 모여들었습니다. 식탁 위에는 빈 그릇만 즐비하게 놓여 있었습니다. 뮬러는 아이들에게 말했습니다.

"여러분, 이제 머리 숙여 일용할 양식을 주실 하나님께 식사 기도를 드립시다."

아이들이 수군대기 시작하였습니다.

"빈 그릇을 놓고 무슨 기도야?"

이 소리를 들은 뮬러는 다시 말했습니다.

"염려하지 마세요. 하나님께서 곧 주실 것입니다."

아이들이 고개를 숙이자 뮬러는 간절히 기도드렸습니다. 그 기도가 막 끝나자마자 문 두드리는 소리가 나더니, 어떤 낯선 신사가 인부들을 시켜 손에 큰 통 몇 개를 들고 들어섰습니다.

"뮬러 선생님, 오래전부터 무엇인가 도와드리려고 생각했는데,

오늘에야 이것을 가지고 왔습니다."

그 통속에는 빵, 야채, 고기 등의 음식이 가득 들어 있었습니다. 빈 접시를 놓고 기도를 드렸던 뮬러의 믿음은 실로 놀라웠습니다.

신구약 66권. 이 많은 말씀은 모두 하나님의 약속입니다. 하나님의 말씀을 믿고 간구하는 이에게는 반드시 체험하게 해주시는 하나님이시랍니다. 말씀을 의지해서 기도해 보세요. 세상은 당장 앞에 보이는 것이 전부이지만, 우리는 영원을 바라봅니다. 걱정하지 말고 여러분의 공부의 자리에서 믿음을 사용하세요! 우리도 조지 뮬러와 같이 기도할 수 있고, 보게 될 것입니다.

기도 | 하나님, 하나님께서는 우리에게 있어야 할 것을 아시는 분이십니다. 그러니 너희는 먼저 그의 나라와 그의 의를 구하라고 하셨습니다. 어떠한 일을 하더라도 우선 하나님께 감사의 기도를 드리기 원합니다. 우리 스스로 모든 것을 해내려고 하지 않고 하나님께 의지하겠습니다. 하나님께서 저에게 필요한 지혜와 용기를 주실 것을 믿습니다. 예수님의 이름으로 기도드립니다. 아멘.

흔적남기기

73 '빨리빨리' 문화

여호와 앞에 잠잠하고 참고 기다리라 자기 길이 형통하며 악한 꾀를 이루는 자 때문에 불평하지 말지어다 분을 그치고 노를 버리며 불평하지 말라 오히려 악을 만들 뿐이라 (시편 37:7-8)

성미가 괄괄하고 매우 급한 사람이 있었습니다. 그는 날마다 논에 나가 자기 논의 모가 빨리 자라기를 학수고대했습니다. 그러나 자라나는 속도가 너무 느린 것 같았습니다. 궁리 끝에 그는 논으로 들어가서 모를 하나씩 쑥쑥 잡아당겨 주었습니다.

"아! 땀 흘려 노력한 보람이 있구나. 하루 만에 벼가 많이 자랐어."

그는 스스로 만족하고 집으로 돌아와서 말했습니다.

"아이고, 오늘은 병이 날 지경이네. 온종일 모가 빨리 자라게 해 주느라고 녹초가 되도록 일했다."

이 말을 듣고 이상하게 생각한 아들이 논으로 뛰어가 살펴보니, 모가 뽑힌 채 말라죽어 있었습니다. 벼가 자라고 무르익기 위해서는 시간이 필요하고, 적당한 일조량과 또 강우량이 필요합니다. 계절을 넘어야 드디어 가을에 풍성히 수확할 수 있는 것처럼, 모든 일에는 때와 순서가 있습니다. 이것을 무시하고 억지로 이루려고 하면 도리어 해를 당하게 됩니다. 우리는 언제부터인가 '빨리빨리' 문화에 젖어있습니다. 밥을 먹을 때도, 토목·건축 등의 작업을 하더라도 후다닥 해치워야 직성이 풀립니다. 또 교육이나 일상생활에 있어서도 속도 경쟁에 혈안이 되어 있습니다.

다른 사람들보다 앞서야 한다는 우리의 빨리빨리 문화가 경쟁심을 일으켜 스트레스를 주는 것 같습니다. 친구와 나는 다른 모습과 다른 재능을 가지고 태어났습니다. 하나님께서는 각자의 인생을 다르게 설계하셨습니다. 경쟁해야 한다는 부담을 내려놓고 하나님을 의지하세요. 하나님은 하나님을 의지하고 잠잠하게 참고 기다리는 자에게 반드시 보상해 주신답니다.

기도 | 하나님, 욕심 때문에 서두르지 않도록 도와주세요. 시험 점수를 잘 받는 것은 정말 중요한 일이지만 그것 때문에 저를 돌아보지 않고 다른 친구들과의 경쟁에만 몰두하지 않게 해주세요. 하나님의 때를 기다리며 잠잠히 주님을 의지하겠습니다. 세상의 시간이 아니라 하나님의 시간에 맞추며 살아갈 수 있도록 지혜를 주세요. 예수님의 이름으로 기도드립니다. 아멘.

흔적남기기

72 알렉산더와 예수

아들을 낳으리니 이름을 예수라 하라 이는 그가 자기 백성을 그들의 죄에서 구원할 자이심이라 하니라 이 모든 일이 된 것은 주께서 선지자로 하신 말씀을 이루려 하심이니 이르시되 보라 처녀가 잉태하여 아들을 낳을 것이요 그의 이름은 임마누엘이라 하리라 하셨으니 이를 번역한즉 하나님이 우리와 함께 계시다 함이라 (마태복음 1:21-23)

B. C. 350년경 알렉산더 대왕은 세계를 정복하고 거대한 제국을 세웠습니다. 그리스도와 알렉산더는 공통점을 가지고 있는데, 두 사람 모두 젊은 날에 일을 시작하여 33세라는 이른 나이에 생을 끝마쳤다는 것입니다.

알렉산더는 왕국에서 태어났고, 예수는 마구간에서 태어났습니다. 알렉산더는 왕자로 태어났고, 예수는 목수의 아들로 태어났습니다. 알렉산더는 왕좌에서 고귀한 왕으로 죽었으며, 예수는 십자가에서 조롱 받는 왕으로 죽었습니다. 알렉산더의 일생은 위대한 성공으로 보이고, 예수의 일생은 실패한 것으로 보입니다.

알렉산더는 자신의 소유를 위해 수십만 명의 피를 흘렸지만, 예수는 전 인류를 위해서 자신의 피를 흘렸습니다. 알렉산더는 영광의 바벨론에서 죽었고, 예수는 수치의 갈보리에서 죽었습니다. 알렉산더는 모든 왕국을 정복하였고, 예수는 죽음을 정복하였습니다.

알렉산더는 모든 인간을 노예로 만들었고, 예수는 모든 인간을 자유롭게 하였습니다. 알렉산더는 역사를 만들었고, 예수는 역사를 변화시켰습니다.

우리는 어떠한 인생을 살아야 할까요? 자신의 이익을 위해 다른 사람을 희생하는 삶을 살아야 할까요? 아니면 다른 사람을 위해 자신을 희생하며 살아야 할까요? 예수님의 사랑을 기억하면서 우리가 하고 있는 공부가 나만의 이익이 아닌 다른 사람들에게 도움을 줄 수 있도록 기도하는 믿음의 사람이 되세요.

기도 | 하나님, 세상이 원하고 세상이 바라는 것만 추구하는 사람이 되지 않겠습니다. 하나님의 사랑의 마음으로 이웃을 사랑하며 그리스도의 사랑을 실천하는 사람이 되겠습니다. 예수님께서 십자가를 지셨듯이 저도 제 십자가를 지고 하나님을 따르겠습니다. 하나님의 의와 영광을 향한 삶을 살아가겠습니다. 예수님의 이름으로 기도드립니다. 아멘.

흔적남기기

71 천사의 저울에 달아본 결과

여호와께서는 자기 백성을 기뻐하시며 겸손한 자를 구원으로 아름답게 하심이로다(시편 149:4)

신실한 신앙인인 보너(Boner) 박사가 꿈을 꾸게 되었습니다. 천사가 커다란 저울을 그에게 보이면서 이제까지 보너 박사가 행한 일을 달아본다고 하였습니다. 그는 자신의 공로를 인정해 주는 천사가 고마웠습니다. 천사는 그가 교회를 위하여 열심을 낸 것을 저울에 달아본 결과 무게가 100kg이 된다고 하였습니다.

그는 천사의 말을 듣고, 처음에는 기뻐하였으나 그 열심의 내역을 알게 되자, 부끄럽기 짝이 없었습니다. 그 내역은 이러하였습니다.

자기 이기심에서 행한 열심이 14kg이요, 파당을 이루고 자기세력을 확보하기 위하여 낸 열심이 15kg이요, 자기의 명예를 얻어 보려고 낸 열심이 22kg이요, 사람들에게 잘 보이기 위하여 낸 열심이 23kg이요, 하나님을 사랑해서 진심으로 봉사한 열심은 26kg이었습니다.

꿈을 꾸고 난 보너 박사는 회개하였습니다. 지금까지 자기가 주님을 위하여 열심히 일하고 있다는 자부심이 자신을 교만하게 하였다는 사실을 깨달은 것입니다. 보너 박사는 자신의 충성이 하나님께서 받으시지 못할 교만이었다는 것을 뉘우쳤습니다. 그리고 더욱 겸손해지기 위해서 마음의 다짐을 하였습니다.

내가 교회에서 열심히 신앙생활을 하고 학생회에서 남다르게 봉사한다고 자만할 수 있습니다. 겸손하지 못하면 그 모든 열심은 나를 위한 열심으로 전락하고 말 것입니다. 나의 충성은 과연 주를 위하여 헌신하는 열심입니까? 무엇을 위해서 땀을 흘리고 있는지 돌아보아야 합니다.

기도 | 하나님, 어떠한 열심이나 노력으로도 자만하지 않도록 해주세요. 제가 요령을 부리거나 진실한 마음이 없이 예배를 드릴 때나, 다른 사람에게 보이기 위해 교회에 출석하지 않도록 도와주세요. 늘 하나님만을 사랑하고 섬길 수 있게 시험에 빠지지 않도록 도와주세요. 예수님의 이름으로 기도드립니다. 아멘.

흔적남기기

70 작업복을 입은 노벨상 수상자

지극히 존귀하며 영원히 거하시며 거룩하다 이름하는 이가 이와 같이 말씀하시되 내가 높고 거룩한 곳에 있으며 또한 통회하고 마음이 겸손한 자와 함께 있나니 이는 겸손한 자의 영을 소생시키며 통회하는 자의 마음을 소생시키려 함이라(이사야 57:15)

일본 열도와 전 세계를 놀라게 하며 노벨 화학상을 수상한 다나카 고이치라는 사람이 있습니다. 다나카는 일정 주기로 발사되는 레이저를 이용해 단백질 분자를 분사시키는 효과를 낼 수 있는 연성 레이저 이탈 기법을 개발하였는데, 이 기법을 이용하면 고분자 단백질의 종류와 양을 효과적으로 정밀하게 분석할 수 있어서 생명과학과 신약의 개발 등 의학 연구에도 많은 도움을 줄 수 있습니다. 그는 이 공로를 인정받아 노벨 화학상을 받았습니다.

그의 근무처인 시마즈 제작소는 다나카를 노벨상 수상자에 상응하는 대우를 해 주어야겠다고 여겼습니다. 그래서 주임인 그를 임원으로 승진시키려는 의사를 본인에게 타진하였는데, 그는 이를 사양했습니다.

"한 가지 한 가지씩 경험을 쌓아 단계를 밟아 나가지 않고, 지금 이 상태로 갑자기 높은 자리에 오르게 된다면 제 자신의 경험과 제대로 조화시킬 능력이 없습니다."

그는 자신의 성공에 대하여 이렇게 말하였습니다.

"서서히 올라가지 않는다면 저는 무너지고 말지도 모릅니다. 이제까지 그렇게 해 왔으며, 앞으로의 책임이 더욱 무겁습니다."

회사는 그런 다나카에게 천만 엔의 특별 보상금과 연구자의 최고 지위인 '펠로'(fellow)라는 직책을 안겼습니다. 그래서 받는 대우는 부장급이지만, 업무는 작업복을 입고 일하는 엔지니어인 것입니다.

나의 자리에서 겸손하고 성실한 것이 필요합니다. 하나님께, 그리고 학업에 대해 더 열심히 임하세요. 교회 봉사도 소홀히 하지 마세요. 그러한 열심의 바탕 위에 겸손의 마음을 새기고 노력하면 하나님이 원하시는 귀한 사람으로 거듭날 것입니다.

기도 | 하나님, 세상을 살면서 정말로 중요한 것이 무엇인지 깨달을 수 있게 해 주세요. 성공에 대한 욕심 때문에 모래성을 쌓지 않도록 도와주세요. 하나하나 열심히 배워가면서 제대로 실력을 쌓을 수 있는 견고한 성이 될 수 있도록 지혜를 주세요. 열심히 노력하다 보면 하나님께서 들어 쓰실 날이 올 것이라고 확신합니다. 그때까지 제 자리에서 최선을 다해 배우겠습니다. 예수님의 이름으로 기도드립니다. 아멘.

흔적남기기

69 보온용 밍크코트

자랑하는 자는 이것으로 자랑할지니 곧 명철하여 나를 아는 것과 나 여호와는 사랑과 정의와 공의를 땅에 행하는 자인 줄 깨닫는 것이라 나는 이 일을 기뻐하노라 여호와의 말씀이니라(예레미야 9:24)

밍크코트가 한창 유행하던 때에 어느 연회장에서 있었던 일입니다. 거의 모두가 밍크코트 등을 걸친 화려한 옷차림을 하고 들어왔기 때문에, 그중에서 카키색의 커튼 천으로 된 소박한 외투를 입고 있는 노부부가 눈에 띌 수밖에 없었습니다. 얼핏 보기에는 초라하기까지 했지만 늙은 부부에게서 풍기는 인상은 마냥 유복하기만 했습니다. 그러나 노부부가 코트를 벗는 순간 모든 사람은 깜짝 놀라지 않을 수 없었습니다.

코트 안에는 값진 밍크가 덧대어 있었던 것입니다. 보통 사람들은 밍크를 자랑하려고 난방이 잘 된 실내에까지 입고 들어갑니다. 그러나 그 노부부는 밍크를 오히려 코트 속에다 감추고 있는 것이었습니다. 그 내외에게 있어서 밍크라는 것은 남의 눈을 위한 자랑거리가 아니라 오직 보온용이었기 때문입니다. 그래서 그들은 겉으론 매우 소박한 커튼지 코트를 입고 있으면서도 얼마든지 포근해할 수가 있었던 것이었습니다.

세상의 자랑은 100평의 땅을 가진 자 앞에 1평의 땅을 가진 자가

으스대는 것과 같습니다. 무엇을 자랑하고 있나요? 내가 가진 소유물을 자랑합니까? 영원하지 않은 것을 자랑하는 것은 어리석은 것입니다. 그것은 오히려 우리를 하나님으로부터 멀어지게 만듭니다.

하나님을 자랑하십시오. 그분을 알 수 있는 명철과 지혜를 소중히 여기고 자랑하십시오. 하나님을 자랑하는 자는 참 겸손의 사람입니다.

기도 | 하나님, 겸손을 가르쳐 주셔서 감사합니다. 무엇인가를 성취해 낼 때, 나의 힘으로 했다고 으스대기 쉽습니다. 그러나 그것이 얼마나 어리석은 것인지 오늘 말씀해 주셨습니다. 저는 하나님을 자랑하겠습니다. 나의 가진 모든 것을 허락하신 하나님만을 자랑하고 높이겠습니다. 이것을 알 수 있는 명철과 지혜를 허락하신 주님, 감사드립니다. 예수님의 이름으로 기도드립니다. 아멘.

흔적남기기

68 트루먼 대통령의 기도 요청

여호와 내 구원의 하나님이여 내가 주야로 주 앞에서 부르짖었사오니 나의 기도가 주 앞에 이르게 하시며 나의 부르짖음에 주의 귀를 기울여 주소서 (시편 88:1-2)

1945년 4월 12일 목요일, 미국 제32대 루즈벨트 대통령의 급사(急死)로, 부통령이었던 트루먼이 대통령에 오르게 되었습니다. 많은 기자들이 찾아가서 취임 소감과 국민들에게 무엇을 바라는가를 묻자 그는 '단 한 번이라도 기도를 올린 일이 있다면, 다시 한번 지금 나를 위하여 기도해 주기를 바란다.'라고 말했습니다. 세계를 좌우할 수 있는 미국의 대통령이었지만, 하나님의 도우심과 하나님께서 주시는 지혜가 필요하였던 것입니다.

우리는 늘 기도해야 합니다. 그러나 기도의 대상이 '나'만 될 수는 없습니다. 하나님은 모든 이의 구원자이십니다. 우리가 보기에 아주 뛰어난 사람 같아도, 그분도 하나님의 도우심 없이 서 있을 수 없으며 힘들 때도 많답니다. 주위를 한 번 둘러보세요. 지금 나의 기도가 필요한 사람은 누구일까요? 그를 위해서 기도해 주세요. 내가 막막한 상황에 부딪혔을 때 누군가가 나를 위해 기도해 주었던 것을 기억하며, 나도 누군가를 위해 기도할 수 있음을 감사드리며 나아갑시다.

기도 | 하나님, 저 또한 누군가를 위해 기도할 수 있게 해주셔서 감사드려요. 같이 공부하는 친구들을 위해 기도합니다. 어려운 시기이지만 주님의 평안이 함께 하게 해주세요. 그리고 부모님을 위해 기도합니다. 걱정과 염려 속에서 주님이 언제나 힘주시고 지켜주세요. 교회 친구들과 선생님, 목사님을 위해 기도드립니다. 하나님께서 사랑으로 보살펴 주시고 축복해 주세요. 예수님의 이름으로 기도드립니다. 아멘.

흔적남기기

67 산을 옮겨주신 하나님

이르시되 너희 믿음이 작은 까닭이니라 진실로 너희에게 이르노니 만일 너희에게 믿음이 겨자씨 한 알 만큼만 있어도 이 산을 명하여 여기서 저기로 옮겨지라 하면 옮겨질 것이요 또 너희가 못할 것이 없으리라 (마태복음 17:20)

미국의 어느 목사님이 교회를 신축하기 위하여 대지를 구입하였습니다. 그런데 재정 형편상 저렴한 산비탈을 구입할 수밖에 없었습니다. 그는 제직회를 소집하여 예배를 드리고 성경을 펴서 마태복음 17:20을 읽었습니다.

"오늘 저녁에는, 이 산이 옮겨져서 여기에 아름다운 교회당을 지을 수 있도록 기도하겠습니다."

목사님과 교인들은 밤이 깊도록 철야 기도회를 시작했습니다.

"하나님, 이 산을 옮겨 주세요."

간절한 심령으로 기도를 드렸으나 산은커녕, 흙 한 삽도 옮겨지지 않았습니다. 그러나 목사님의 마음속에는 하나님께서 역사하신다는 확신이 생겼습니다. 그래서 마지막으로 "하나님께 맡깁니다." 라고 기도했습니다.

다음 날, 전화국에서 전화가 걸려 왔습니다.

"전화국을 새로 짓기 위해 땅을 샀는데 땅이 너무 낮은 곳이라

흙을 좀 메워야 합니다. 교회 땅의 흙을 가져가도 될까 해서 전화를 드렸습니다. 보상은 어느 정도 해 드릴 테니 허락해 주십시오."

이렇게 해서 산이 깎이기 시작하였습니다. 산이 옮겨지는 것만 해도 굉장한 일인데, 거기에 큰 금액의 돈까지 받아 성전 건축을 쉽게 마칠 수 있었습니다. 하나님의 역사는 과연 측량할 수 없습니다.

해결하지 못할 것 같은 문제가 있나요? 이것이 나의 한계라고 포기하고 싶나요? 그렇다면 하나님께 간절히 기도해 보세요. 하나님께는 어떠한 것도 문제가 되지 않는답니다. 인내와 믿음을 가지고 하나님의 약속을 기다린다면, 하나님께서는 우리를 실망시키지 않으실 것입니다.

기도 | 하나님, 저의 기도를 들으시고 응답해 주세요. 제 앞에는 넘을 수 없을 것만 같은 산들이 첩첩이 놓여있습니다. 그러나 그 산이 하나도 문제 되지 않으시는 하나님이 함께 하심은 무엇보다도 확실합니다! 주님, 제게 믿음을 주세요. 겨자씨만 한 믿음이라도 산을 옮길 수 있다는 하나님의 말씀을 의지합니다. 저에게 용기를 주세요. 주님이 이루어주실 줄 믿습니다. 예수님의 이름으로 기도드립니다. 아멘.

흔적남기기

66 역경의 열매

악인은 죽을 때에 그 소망이 끊어지나니 불의의 소망이 없어지느니라 의인은 환난에서 구원을 얻으나 악인은 자기의 길로 가느니라 (잠언 11:7-8)

영문학의 거장 나다니엘 호돈은 어려서부터 절름발이 장애자로서 밖에 나가 놀 수도 없는 몸이었지만 그는 문학의 큰 탑을 세웠습니다.

독일의 시인, 하이네는 척추 병으로 인해 생애의 마지막 8년 동안은 누워서만 살았습니다. 그러나 그 고통의 침상으로부터 영원한 시간에 메아리치는 위대한 시가 흘러나왔습니다.

영문학의 대가 찰스 램은 심한 말더듬이어서 대학 입학도 거절당한 사람이었고, 자기의 누이가 정신병에 걸려 그 누이를 평생 간호한 사람이었습니다. 그러나 그는 대 문호가 되는 업적을 남겼습니다.

우리가 접하는 많은 위인들의 삶을 보면, 고난과 역경이 없던 적은 한 번도 없습니다. 오히려 그 고난과 역경이 그들을 그토록 훌륭하게 만든 것입니다. 한 번도 궂은 날씨 없이 맑기만 한 곳이 사막임을 잊지 마세요. 지금의 고난은 대학 진학을 위한 고난이 아니라, 하나님이 우리를 의인으로 빚어 가시기 위한 단계입니다. 불의의 소망- 자기의 원하는 바대로 가는 악인이 아니라 하나님의 뜻으로

의인의 길을 걸어가도록 은혜 주신 주님께 감사드립시다.

기도 | 하나님, 오늘은 병마와 장애물을 이겨내고 승리한 인물들을 만나보았습니다. 그들의 상황은 저보다 훨씬 힘들고 험난했지만 그들의 결과는 아주 값진 것이었습니다. 하나님, 주님께서 환난 가운데서 구원해 주신다고 약속해 주셔서 감사드립니다. 오직 주님의 힘으로 인해 불평하지 않고 인내하면서 주님 주신 소망을 향해 달려가겠습니다. 날마다 지혜를 주시고 깨달음을 주시는 하나님께 감사드립니다. 예수님의 이름으로 기도드립니다. 아멘.

흔적남기기

65 목적을 향한 달음질

나는 선한 싸움을 싸우고 나의 달려갈 길을 마치고 믿음을 지켰으니 이제 후로는 나를 위하여 의의 면류관이 예비되었으므로 주 곧 의로우신 재판장이 그 날에 내게 주실 것이며 내게만 아니라 주의 나타나심을 사모하는 모든 자에게도니라 (디모데후서 4:7-8)

아모스 패리쉬라는 사람은 미국 백화점 산업계에 있어서 세일즈 아이디어 전문가로서 잘 알려져 있는 사람입니다. 그는 그의 전 생애 동안 말을 더듬었지만 백화점 관계 간부들은 매년 아모스 패리쉬의 강연을 듣기 위해 뉴욕시 호텔 그랜드 볼룸에 모여들었습니다. 다른 사람이 볼 때 아모스 패리쉬는 크게 성공한 사람이었습니다. 그러나 그 자신은 한 번도 자기가 성공했다고 생각해 본 적이 없었습니다.

그는 나이가 들어감에 따라 정신이 점점 희미해졌지만 끊임없이 새로운 아이디어를 창출해 냈습니다. 그를 칭찬하는 사람이 있을 때, 그것을 대수롭게 생각지 않았으며, 새로운 아이디어 구상에 대한 말을 더듬거리며 하곤 했습니다. 94세의 나이로 세상을 떠나려 할 때 그의 가까운 친구가 그를 찾아갔더니, '여보게, 여기 새로운 아이디어가 있어 이것은 정말 기발한 거야.'라고 말하더랍니다. 그는 계속 그의 새롭고 놀라운 목표를 말했습니다.

아모스 패리쉬는 매우 성공적인 사업가였습니다. 그러나 그가 절대로 다 이루었다고 자부한 사람은 아니었습니다. 그는 언제나 성취를 향해 나아갔으며 목표를 이루는 과정을 누렸습니다. 우리는 영적으로 선한 싸움을 싸우며 나아가는 사람입니다. 혹시 시험을 위해서는 경쟁하고 노력하고 더 나아지기 위해 시간을 다투며 공부하고 있지만, 내 영혼을 위한 준비는 소홀히 하고 있지는 않았나요? 사탄은 우는 사자같이 시시때때로 틈을 노리며 덤벼들고 있습니다. 늘 믿음을 지키며 서십시오. 내 영혼을 위한 노력도 게을리하지 맙시다.

기도 | 하나님, '이 정도면 되겠지.' 하는 생각에 게을러지지 않게 해주세요. 주님은 제게 귀한 목적과 목표를 주셨습니다. 힘을 다해 최선을 다할 수 있도록 해주세요. 무엇보다도 하나님과의 관계를 소홀히 하지 않기 원합니다. 하나님을 믿고 모든 것을 힘써 노력할 때 그것이 굳건한 성이 될 줄 믿습니다. 하나님을 먼저 사랑하고 섬길 수 있는 주의 자녀가 될 수 있도록 지켜주세요. 예수님의 이름으로 기도드립니다. 아멘.

흔적남기기

64 그 손으로 붙드시는 하나님

내가 놀라서 말하기를 주의 목전에서 끊어졌다 하였사오나 내가 주께 부르짖을 때에 주께서 나의 간구하는 소리를 들으셨나이다 (시편 31:22)

D. J. 칸트(Kant)는 신실한 그리스도인으로서 기관사였습니다. 그를 사랑하는 목사님이 칸트가 통행하고 있는 아름다운 역 부근의 산장에 와서 묵게 되었습니다. 칸트 씨는 그 부근을 지날 때마다 경적을 울렸습니다. 그것은 "목사님, 저를 위해서 기도해 주십시오." 하는 신호였습니다. 그리고 자신도 목사님을 위해서 기도하겠다는 신호였습니다. 어느 시일이 지난 후, 목사님은 급한 일로 집으로 돌아가게 되었습니다.

며칠 후에 큰 열차 사고가 났습니다. 신문은 '대사고였으나 한 사람도 치명적인 부상을 당하지 않았다. 이것은 다른 무엇으로도 설명할 수 없는 기적이다.'라며 대서특필을 날렸습니다. 신문을 본 목사님은 칸트 씨에 바로 편지를 썼습니다.

"저가 너를 위하여 그 사자들을 명하사 네 모든 길에 너를 지키게 하심이라 저희가 그 손으로 너를 붙들어 발이 돌에 부딪히지 않게 하리로다(시 91:11~12)."

목사님에게도 동시에 똑같은 성경 구절과 내용이 담긴 칸트 씨의 편지가 날아왔습니다.

“목사님, 목사님께서 기도해 주신 덕택으로 한 사람의 사고도 없었습니다. 신문 기자들은 기적이라고 평했습니다. 그러나 이것이 천사들이 우리들을 지킨 것이 아니고 무엇이겠습니까?”

하나님 안에 있는 사람은 늘 ‘기적’ 속에 있는 사람입니다. 어떤 어려운 상황과 불가능 속에서도, 하나님은 우리를 ‘들으시고’ 멋지게 그분의 일을 이루시는 분이랍니다! 기적은 요행이나 우연이 아닙니다. 부르짖고 성실히 주님을 의뢰하는 자가 누리는 당연한 결과입니다. 기도하십시오! 주님은 우리의 간구를 들으시며 응답하십니다!

기도 | 놀라우신 하나님, 이토록 완벽한 보호하심 아래 있음을 찬양합니다! 저의 기도를 들으시고 신실하게 일하시는 주님, 더욱 주님을 의지합니다. 제가 두렵고 놀라서 어쩔 줄 모를 때, 기도의 자리로 인도해 주셔서 감사드립니다. 주님께 간구함으로 기적을 누리며 사는 자 되게 해주세요. 기적을 위해 기도하는 것이 아니라 우리의 기도가 기적을 이루는 것임을 믿습니다. 예수님의 이름으로 기도드립니다. 아멘.

흔적남기기

63 하늘에 보낸 응급 신호

너는 내게 부르짖으라 내가 네게 응답하겠고 네가 알지 못하는 크고 은밀한 일을 네게 보이리라 (예레미야 33:3)

매사추세츠 주에 사는 어떤 용접공이 체험했던 이야기입니다. 그는 매사추세츠에서 30리 떨어진 곳에 하수도 송수관을 묻는 공사장에서 용접공으로 일하게 되었습니다.

그러던 어느 날, 같이 일하던 사람들이 다 가버리고 혼자서 용접 일을 하고 있었는데 갑자기 위로부터 흙이 무너져 내려 땅속에 묻혀 버리고 말았습니다. 다행히 용접 마스크를 쓰고 있었기 때문에 간신히 숨을 쉴 수는 있었습니다. 그러나 사방에서 압력이 가해지니 코피가 흐르고, 눈이 뒤집히고, 숨이 막히고, 심장이 답답했습니다. 해는 이미 졌고 적막만이 감돌 뿐이었습니다.

이 용접공은 평소에 믿음이 신실한 기도의 사람이었습니다. 그는 "하나님, 살려 주십시오. 누구를 좀 보내 주십시오." 하고는 곧 의식을 잃었습니다.

때마침 트럭 운전사였던 그의 친구가 몇 십 리 밖에서 일을 다 끝내고 돌아오는데, 느닷없이 이 친구 생각이 났습니다. 그래서 그 친구가 일하던 곳에 가보니 아무도 없었습니다.

이상히 여겨 자세히 살펴보니 흙으로 덮인 그곳에 손이 나와 있었습니다. 그리하여 그는 친구의 도움으로 구조되었습니다. 하나님께서는 급박한 상황에서 한, 짧지만 간절한 기도에 응답해 주신 것입니다.

세상에 일어나는 모든 일들은 우연처럼 보입니다. 그러나 하나님은 우리에게 일어나는 모든 일들을 주관하고 계십니다. 하나님께 부르짖으면 크고 비밀한 일들도 우리에게 나타내주신다고 하셨습니다. 두려울 때, 급박할 때, 어려울 때, 평안할 때, 모든 것을 할 수 있다는 자신감 속에서도 기도하는 것! 잊지 마세요.

기도 | 응답하시는 하나님, 하나님께 부르짖으면 응답해 주시겠다는 약속의 말씀을 믿습니다. 언제나 어느 때든지 기도하는 것을 잊지 않게 해주세요. 나의 도움이신 하나님, 기도로 주님께 나아오도록 해주셔서 감사드립니다. 수능 전 남은 기간 동안뿐 아니라, 저의 평생에 이 약속으로 함께 하실 주님을 신뢰합니다. 예수님의 이름으로 기도드립니다. 아멘.

흔적남기기

62 헤르만 헤세의 '어거스터스'

사랑은 오래 참고 사랑은 온유하며 시기하지 아니하며 사랑은 자랑하지 아니하며 교만하지 아니하며 무례히 행하지 아니하며 자기의 유익을 구하지 아니하며 성내지 아니하며 악한 것을 생각하지 아니하며 불의를 기뻐하지 아니하며 진리와 함께 기뻐하고 모든 것을 참으며 모든 것을 믿으며 모든 것을 바라며 모든 것을 견디느니라(고린도전서 13:4-7)

노벨 문학상을 수상했던 헤르만 헤세의 작품 가운데 '어거스터스'라는 작품이 있습니다. 내용은 이렇습니다. 아이를 낳지 못해 늘 고민하던 부모가 아들을 낳았는데, 그 아들의 이름이 바로 어거스터스였습니다. 그러던 어느 날, 한 신비한 노인이 나타나 이렇게 말했습니다. "아들의 탄생을 축하합니다. 아이를 위한 소원이 있다면 그 소원을 들어주겠습니다. 소원이 무엇입니까?"

어거스터스의 어머니는 곰곰이 생각하다가, '이 아이가 자라면서 모든 사람들에게 사랑을 받으면서 살게 해 주십시오.'라고 말했습니다. 그의 소원은 그대로 이루어져 아이는 자라서 많은 사람들의 사랑을 받았습니다. 그러나 결코 그것은 행복한 삶이 아니었습니다. 사랑만 받고 베풀지 못해서 자기중심적인 사람이 되었고 노인이 되어서 사람들에게 버림을 받았습니다. 외롭고 비참한 삶이 되어 버렸습니다. 그런 그에게 신비한 노인이 또 나타났습니다. 노인은 어거스터스에게 물었습니다. "당신의 삶에 만족합니까?"

그의 물음에 어거스터스는 고개를 설레설레 흔들었습니다.

"당신에게 한 가지 소원을 이루어 주겠습니다. 소원이 무엇입니까?"

그는 주저하지 않고 이렇게 말했습니다. "모든 사람들에게서 사랑받으며 사는 사람이 아니라, 모든 사람들을 사랑하면서 사는 사람이 되게 해 주십시오."

오늘 말씀에 하나님은 '가장 좋은 길'인 사랑을 말씀해 주십니다. 사랑 자체이신 하나님이 우리와 함께 계십니다. 우리는 이미 완전한 사랑-하나님의 사랑을 받아 능히 사랑의 통로로 설 수 있음을 잊지 마세요!

기도 | 사랑 자체이신 하나님, 저는 넘치는 사랑을 받고 자라는 사람이 부러웠고, 모든 사람이 그 한 사람만을 사랑해 주고 아껴주는 것을 동경해왔습니다. 저는 넘치는 사랑을 받지 못해서 사랑을 주지 못한다고 생각했습니다. 그러나 그것은 교만이었습니다. 하나님께서 저를 얼마나 사랑하시는지 깨달았기 때문입니다. 사랑을 받는 것만이 행복이라는 생각을 바꾸겠습니다. 주님, 세상을 향한 사랑의 통로가 되도록 저를 써주세요. 예수님이 이름으로 기도드립니다. 아멘.

흔적남기기

61 어리석은 욕심

그런즉 너희가 어떻게 행할지를 자세히 주의하여 지혜 없는 자 같이 하지 말고 오직 지혜있는 자 같이 하여 세월을 아끼라 때가 악하니라 그러므로 어리석은 자가 되지 말고 오직 주의 뜻이 무엇인가 이해하라 (에베소서 5:15-17)

평소에 소시지를 매우 좋아하는 할아버지가 있었습니다. 어느 날 낮잠을 자고 있는데 꿈에 천사가 나타나 세 가지 소원을 들어주겠다고 하였습니다. 잠에서 깨어난 그는 할머니한테 꿈 이야기를 하면서 "소시지 나와라"라고 하였습니다. 그러자 정말 소시지가 나왔습니다. 옆에 있던 할머니가 "아니, 이놈의 영감이 미쳤나. 겨우 소시지가 뭐야. 에이, 이놈의 소시지, 영감 코에 가서 붙어라!"라고 하자 소시지가 할아버지 코에 철썩 붙어버리는 것이었습니다. 이제 기회는 한 번밖에 안 남았습니다. 할아버지가 할머니한테 사정했습니다.

"여보, 코가 이런 상태에서 대궐 같은 집이 무슨 소용이 있겠소. 내 코에 붙은 소시지나 떼어 주구려."

깊이 생각한 할머니가 힘없이 외쳤습니다.

"소시지야, 할아버지 코에서 떨어져라..."

기회는 누구에게나 찾아옵니다. 중요한 것은 기회를 잘 포착하는 것입니다. 그러기 위해서는 늘 기도하며 성령에 민감한 삶을 살아야 합니다. 하나님께서 주신 기회를 잘 잡도록 지혜를 구하십시오. 세상은 점점 악해져 갑니다. 주님의 뜻이 무엇이고, 어디를 향해 있는지 보아야 합니다. 이것이 참 지혜입니다. 구하십시오. 하나님께서 도우실 것입니다.

기도 | 지혜의 하나님, 세상은 점점 악해져 가고 있는데, 저는 어떤 기회를 잡고 살아가야 할까요? 오직 주님이 인도하시는 그 길밖에는 없습니다. 오늘도 하나님은 저에게 기회를 주십니다. 하나님께서 주시는 기회를 놓치지 않는 현명한 사람이 되고 싶습니다. 하나님께서 주시는 말씀, 하나님께서 주시는 명령에 즉시 응답할 수 있는 참된 제자가 되고 싶습니다. 항상 기도하며 성령님의 세밀한 음성을 깨달을 수 있도록 지혜를 주세요. 예수님의 이름으로 기도드립니다. 아멘.

흔적남기기

60 종근당 제약과 종

네 하나님 여호와를 기억하라 그가 네게 재물 얻을 능력을 주셨음이라 이같이 하심은 네 조상들에게 맹세하신 언약을 오늘과 같이 이루려 하심이니라 (신명기 8:18)

한국 사람이라면 누구나 '종근당'이라는 제약회사를 압니다. 이 회사는 이름이 '종근당'일 뿐 아니라 회사의 상징, 로고도 종입니다. 종이 회사의 상징입니다.

이 회사의 상징이 종이 된 데는 유명한 이야기가 있습니다. 옛날에 서대문 영천 시장은 콩나물 장수 아줌마들이 많기로 유명했다고 합니다. 그중 신앙심 깊은 한 아주머니가 있었습니다. 이 아주머니는 새벽마다 콩나물 통을 머리에 이고 시장에 나가는 길에 꼭 교회에 들러 새벽 기도를 드렸습니다.

그녀의 기도 제목은 자식들을 믿음으로 성장시켜 하나님의 일꾼으로 길러내는 것이었습니다. 이 어머니의 기도는 이루어졌고, 그녀의 아들들은 훌륭한 사람들로 성장했습니다.

그 아들 중 하나가 훗날, 큰 제약회사의 사장이 되었습니다. 아들은 어머니가 매일 새벽 교회에 나가 열심히 기도하던 일을 잊을 수 없었습니다. 자신의 모든 것이 어머니의 기도의 응답이라고 생각했던 것입니다. 이것을 늘 잊지 않고 살고자 했습니다.

예전에는 교회마다 종을 쳤습니다. 그래서 그는 교회의 새벽 종소리가 연상되도록 자신의 제약회사 심벌마크를 '종(鍾)'으로 정했습니다. 종은 바로 새벽 기도의 응답을 상징하는 것입니다.

어머니의 기도 또는 지인들의 기도로 지금까지 살아올 수 있었던 것을 우리는 잘 알고 있습니다. 기도해 주신 분들의 은혜, 하나님의 은혜를 잊지 않기 위해서 우리들만의 종을 만드는 건 어떨까요? 그래서 우리가 나태해지거나 시험에 빠졌을 때나 다른 사람들이 어려움에 처해 있을 때 종을 울리고 기도를 하는 것이죠. 또 감사한 일이 생기거나 감사해야 할 분들을 위해 기도할 때 종을 하나씩 늘려가는 것은 어떨까요?

기도 | 하나님, 지금까지 저를 지켜주신 은혜에 감사드립니다. 하나님의 은혜를 잊지 않기 위해 날마다 마음속에 울리는 종을 달겠습니다. 하나님께서 제가 나태해질 때마다 마음속의 종을 울려주세요. 힘든 입시의 시기를 지나고 있지만 무엇보다 하나님을 우선으로 하는 삶을 살겠습니다. 또한 저를 위해 기도해 주시는 분들을 축복해 주세요. 감사드립니다. 예수님의 이름으로 기도드립니다. 아멘.

흔적남기기

59 라듐을 발견한 퀴리 부부

서로 마음을 같이하며 높은 데 마음을 두지 말고 도리어 낮은 데 처하며 스스로 지혜 있는 체 하지 말라 아무에게도 악을 악으로 갚지 말고 모든 사람 앞에서 선한 일을 도모하라 (로마서 12:16-17)

노벨 물리학상과 화학상을 받은 프랑스의 물리학자 퀴리는 결혼한 뒤 남편 피에르 퀴리와 필사의 연구 끝에 라듐을 발견했습니다. 전 세계는 그들의 놀라운 발견에 찬탄을 보냈습니다.

사실 당시 퀴리 부부는 심각한 선택의 기로에서 갈등하고 있었습니다. 단번에 벼락부자가 될 수 있는 기회가 찾아온 것입니다. 당시 천연 라듐의 값은 1g에 15만 달러나 됐는데 라듐을 생산하는 방법을 그들만 알고 있었기 때문에, 특허를 내서 억만장자가 될 것인가, 아니면 공개를 해서 세상에 유익을 줄 것인가에 대해 심각한 고민에 빠지게 되었습니다. 그들은 며칠간의 고민 끝에 마침내 결정을 내렸습니다.

"라듐은 하나님의 것인데 우리가 먼저 발견한 것뿐이다. 하나님의 뜻은 이것을 모든 인류의 소유가 되게 하는 것이다."

이러한 청지기 정신이 그들 부부를 단순한 과학자가 아닌 인류의 가슴을 비추는 별이 되게 한 것입니다.

다른 사람을 위해 자신의 이익을 희생하는 퀴리부부의 모습이 참 아름답습니다. 우리도 큰 선택의 기로에 설 때마다 하나님의 뜻에 따르기로 결단합시다. 세상에서 잠깐 누릴 수 있는 혜택은 하늘나라의 영원한 영광과 비교가 되지 않습니다. 세상에서의 이익은 잠깐이지만 하늘나라의 축복은 영원합니다. 하나님께 칭찬받으며 그리스도의 참 향기를 날리는 우리가 되기를 바랍니다.

기도 | 하나님, 감사합니다. 지금 저는 고난의 시간으로 힘들어하고 있습니다. 그래서 나의 친구들을 돌아보기보다 나에게 유익이 되는 일에만 전념하고픈 유혹도 있습니다. 하지만 하나님은 서로 사랑하고 서로 화목하라고 말씀하셨습니다. 하나님의 뜻대로 이웃을 섬기며 살아갈게요. 나의 성공을 하나님께 돌려 드리며 스스로 낮은데 처할 줄 아는 지혜로 채워주세요. 예수님의 이름으로 기도드립니다. 아멘.

흔적남기기

58 어떻게 사용될 것인가?

여호와는 나의 목자시니 내게 부족함이 없으리로다 그가 나를 푸른 풀밭에 누이시며 쉴 만한 물 가로 인도하시는도다(시편 23:1-2)

미국의 젊은 피아니스트 론 세버린(Ron Severin)이 주류 상회 앞을 지나다가 그 앞에 수북이 쌓여있는 헌 맥주 캔을 보고 눈이 번쩍 뜨였습니다. 그는 곧 주인을 만나 그 캔들을 자기가 치워 주겠다고 제의했습니다. 주인은 감사하다고 하며 그렇게 하라고 했습니다.

세버린은 캔을 한 아름 실어 와서 손질하기 시작했습니다. 위와 아래의 뚜껑을 모조리 따내고 깨끗이 소독을 한 다음 긴 파이프가 되도록 납땜을 했습니다. 어떤 것은 길게, 어떤 것은 짧게 만들고 파이프의 주둥이 부분을 만들어 달았습니다. 그 파이프의 길이를 달리하여 플루트와 비올라의 소리를 나게 하는 데는 한 시간 정도밖에 걸리지 않았으나, 리이드의 음을 내는 데는 상당히 어려움이 많았습니다.

결국 그는 3년의 세월을 투여하여 아름다운 파이프 오르간을 만들어 내는데 성공했습니다. 중요한 것은 인간의 정신을 혼미하게 하는 술이 담겼던 그릇을 아름답고 고상한 악기로, 하나님을 찬양하고 경배하는 도구로 만들었다는 사실입니다.

하나님은 우리의 좋은 목자 되십니다. 잔잔한 물가로 인도하시고 영의 양식으로 우리를 채워주십니다. 하나님을 의지하고 신뢰하는 것이 우리 삶의 유일한 유익입니다. 우리는 하나님의 의의 길로 향해야 합니다. 같은 물이라도 뱀이 마시면 독이 됩니다. 하지만 양이 마시면 젖이 되는 것을 우리는 알고 있습니다. 우리는 하나님께서 공급해 주시는 영의 양식을 먹어야 합니다. 우리가 하나님을 섬기고 순종하면 아름다운 성도가 되지만 세상의 명예와 탐욕을 쫓아가면 결국 그에게 남는 것은 사망뿐입니다. 늘 하나님께 나아갑시다.

기도 | 하나님, 저 같은 죄인도 하나님을 찬양하는 악기가 될 수 있겠지요? 연약한 모습 뿐이지만, 하나님께서 아름답게 하실 것에 대해 감사드립니다. 하나님의 말씀을 통해 지혜를 배우고 하나님과의 대화를 통해 마음을 깨끗이 하면 하늘을 노래하는 신앙인으로 거듭날 수 있음을 믿습니다. 늘 하나님과 동행하는 삶을 살 수 있도록 허락해 주세요. 예수님의 이름으로 기도합니다. 아멘.

흔적남기기

57 진정한 회개로 이룬 부흥 : 길선주 장로

주의 약속은 어떤 이들이 더디다고 생각하는 것 같이 더딘 것이 아니라 오직 주께서는 너희를 대하여 오래 참으사 아무도 멸망하지 아니하고 다 회개하기에 이르기를 원하시느니라(베드로후서 3:9)

길선주 장로는 1907년 평양 대부흥운동의 주역 가운데 한 사람이었습니다. 선교사들은 부흥의 불길을 전국적으로 퍼져나가게 하기 위하여 특별집회를 갖기로 계획하였습니다. 평양 장대현교회에서 열린 이 집회에는 약 1500명이 모였다고 합니다. 그러나 1주일 동안 열심히 기도하였는데도 아무런 성령의 역사가 나타나지 않았습니다.

그러던 중 주일 저녁 예배시간에 길선주 장로가 설교 대신에 자신의 죄를 자백했습니다. “나는 아간과 같은 자입니다. 나 때문에 하나님께서는 축복을 주실 수가 없습니다. 약 1년 전에 친구가 임종시에 나를 자기 집으로 불러서 말하기를 ‘길 장로, 나는 이제 세상을 떠나니 내 집 살림을 돌보아주시오.’라고 부탁했습니다. 나는 잘 돌볼 테니 염려하지 말라고 말했습니다. 그러나 그 재산을 관리하며 미화 100달러 상당을 훔쳤습니다. 내가 하나님의 일을 방해한 것입니다. 내일 아침에는 그 돈을 미망인에게 돌려 드리겠습니다.”

길선주 장로가 이렇게 회개하자 교회당을 억눌렀던 이상한 힘이 사라지는 것 같았다고 합니다. 그날 밤 예배는 7시에 시작되었는데 새벽 2시가 지나도록 사람들은 죄를 고백하고 회개하였습니다.

진정한 성령의 역사는 진정한 회개가 이루어질 때 나타납니다. 길선주의 회개는 1907년 평양 대부흥운동의 시발점이 되었고 이로 인해 한국 교회는 놀라운 오순절의 은혜를 경험하게 되었습니다.

성령님의 역사하심을 진정으로 경험하고 영적인 회복을 하기 위해서는 말로만 부르짖는 회개가 아니라 가슴으로 느끼며 통곡하는 회개가 있어야 할 것입니다.

기도 | 하나님, 생각해 보니 저도 남모르게 지은 죄가 너무 많은 것 같습니다. 다른 사람들이 알지 못한다고 해서 스스로 위안 받고 감추려고 했던 저의 죄를 용서해 주세요. 하나님은 우리 마음의 중심을 보신다고 하셨으니 이제 보이는 행동과 보이지 않는 마음 모두 하나님 앞에서 정결해지기를 원합니다. 예수님의 이름으로 기도드립니다. 아멘.

흔적남기기

56 노부모를 모시고 온 흑인들

사랑하는 자들아 우리가 서로 사랑하자 사랑은 하나님께 속한 것이니 사랑하는 자마다 하나님으로부터 나서 하나님을 알고 사랑하지 아니하는 자는 하나님을 알지 못하나니 이는 하나님은 사랑이심이라(요한일서 4:7-8)

전 고려대 총장이었던 홍일식 씨가 미국에 갔을 때 하루는 한국인 식당에서 식사를 하게 되었습니다. 식당에 손님이 많은 것을 보고 그는 주인에게 장사가 잘되느냐고 물었습니다. 그러자 갑자기 주인이 어두운 표정으로 한숨을 지으며 말했습니다.

"장사가 잘되면 뭐합니까?"

사연을 듣고 보니 그 지역 흑인 불량배들이 자주 찾아와 행패를 부린다는 것이었습니다. 사정을 듣고 난 홍일식 씨는 한 가지 방법을 제안했습니다. 특별한 날을 정하고 노부모님을 모시고 오는 흑인에게는 원하는 만큼의 음식을 무료로 제공하는 것이었습니다. 그래서 부모를 공경하는 것이 한국의 오랜 전통임을 그들에게 알려주라는 것이었습니다. 그러나 주인의 반응은 시큰둥했습니다.

몇 년 후, 미국을 방문한 홍일식 씨가 그 음식점을 찾았을 때 음식점 주인은 그를 무척 반기면서 그동안의 일을 자세히 얘기해 주었습니다.

흑인들의 횡포가 날로 심해지자 주인은 자포자기하는 심정으로

홍 씨의 제안을 실행해 보았다고 했습니다. 행사 당일이 되자 정말 식당 안은 노부모를 모시고 온 흑인들로 가득 들어찼다고 합니다. 주인은 약속대로 무료로 음식을 제공했고 그 반응은 너무 좋았다고 합니다. 그 후로 흑인들의 행패도 사라지고 다른 지역의 흑인들이 들어와 행패를 부리면 그 지역 흑인들이 보호해 주기까지 했다고 합니다.

온갖 세상의 악함과 탐욕을 누를 힘은 폭력이 아닙니다. 사랑이 있어야 그 모든 것을 꺾고 승리할 수 있습니다. 사랑하지 않는 자는 하나님을 알 수도 없다고 말씀하십니다. 왜냐하면 하나님은 사랑 그 자체이시기 때문입니다. 사랑하고 사는 것이 하나님의 자녀 된 자들의 특권임을 기억하세요.

기도 | 하나님, 이웃을 사랑하지 않은 저를 용서해 주세요. 그리고 먼저 사랑받기보다 사랑을 주는 사람이 될 수 있도록 도와주세요. 입시 때문에 신경이 날카로워졌더라도 모든 일에 불평하지 않고 가족들과 친구들을 사랑하겠습니다. 사랑의 하나님께서 주시는 말씀으로 승리하며 나아가고 싶습니다. 예수님의 이름으로 기도드립니다. 아멘.

흔적남기기

55 경험이라는 지혜

입으로 들어가는 것이 사람을 더럽게 하는 것이 아니라 입에서 나오는 그것이 사람을 더럽게 하는 것이니라(마태복음 15:11)

어떤 사람이 숲속에서 길을 잃고 여러 날 헤매었습니다. 그러다가 저쪽에서 어떤 사람이 다가오고 있는 것을 발견하고, 숲을 빠져나갈 수 있으리란 생각에 그의 가슴은 기뻐 뛰었습니다. 서로 가까워지자 그는 그 사람에게 물었습니다.

"여보세요, 이 숲에서 빠져나가는 길을 좀 가르쳐 주시겠습니까? 저는 여러 날 여기서 방황했지만 나가는 길을 찾지 못했답니다."

그러자 다른 사람이 그에게 말했습니다.

"저도 길을 잃었거든요. 그러나 이것만은 말할 수 있지요. 제가 왔던 길로는 가지 마세요. 그것이 숲을 빠져나가는 길이 아니라는 것은 확실하거든요. 이제 나가는 길을 함께 찾아봅시다."

두 사람 모두 절망적으로 길을 잃고 헤매고 있었지만, 절망이 아닌 소망을 말했습니다. 아마도 두 사람은 소망한 대로, 숲을 빠져나갈 수 있는 길을 찾았을 것입니다.

우리는 이러한 소망을 말하는 입술을 가져야 합니다. 오늘 말씀에서는 입으로 들어가는 것이 사람을 더럽게 하는 것이 아니라 입에서 나오는 것이 사람을 더럽게 한다고 말씀하십니다. 아무리 실패가 반복되어도 소망을 가지고 믿음의 말을 해보세요. 우리의 말이 서로에게 소망과 힘을 북돋아 줄 수 있답니다.

기도 | 하나님, 대입 경쟁 속에서도 친구들에게 따스한 격려의 말 한마디, 소망이 되는 믿음의 말 한마디를 잊지 않게 해주세요. 그 말 한마디가 친구와 저에게 오늘 힘이 되길 소망합니다. 또, 친구들뿐만 아니라, 제 입술에서 하나님의 소망이 흘러나오게 해주세요. 주님의 소망을 전하기 원합니다. 예수님의 이름으로 기도드립니다. 아멘.

흔적남기기

54 벼룩을 주신 하나님

아무 것도 염려하지 말고 다만 모든 일에 기도와 간구로, 너희 구할 것을 감사함으로 하나님께 아뢰라(빌립보서 4:6)

독일의 나치 수용소는 너무나 고생이 심했습니다. 그런데다가 감옥에 벼룩이 많아, 사람들은 온몸이 스멀거리고 따끔거려서 견디기가 힘들었습니다. 원망과 불평이 절로 나왔습니다.

그런데 베시는 환한 얼굴로'하나님, 감사합니다.'라고 하는 것입니다. 코리 텐 붐은 그녀의 행동이 이해되지 않아서 '왜 감사하다고 하느냐'라고 물었습니다.

그러자 베시는 "성경에 범사에 감사하라고 하지 않았어? 그러니 이 또한 얼마나 감사한 일이야."라고 대답했습니다.

그러던 어느 날, 다들 모여앉아 성경공부를 하기 시작했습니다. 독일군이 감시하러 오면 성경을 보지 않는 척하다가, 독일군이 가면 다시 성경을 공부하였습니다. 그러나 감시가 너무 심해서 성경공부를 하기가 어려웠습니다.

며칠이 지나자 감시자가 오지 않았습니다. 무슨 일인가 싶어 살펴보았더니 감시자가 가까이 왔다가 그냥 가버리는 것이었습니다. 그런 감시자가 혼잣말로 중얼거리는 소리가 들렸습니다.

"이 감방에는 들어가고 싶지 않아, 벼룩이 너무 많아서 여기에만 왔다 가면, 하루 종일 따끔거리거든."

베시가 "벼룩을 주신 하나님 감사합니다."라고 기도했더니 감시자가 오지 않았던 것입니다. 그래서 마음 놓고 성경공부를 할 수 있었습니다.

우리의 감사는 하나님을 신뢰함으로 가능한 것입니다. 하나님은 자신을 신뢰하는 자들을 결코 그냥 놓지 않으신답니다. 공부하기 어려운 환경 중에 있나요? 그러나 감사하십시오. 감사할 수 없는 상황이 오히려 감사의 조건으로 바뀔 것입니다.

기도 | 사랑의 하나님, 감사할 수 없을 때 감사하게 해주세요. 제게 있는 모든 것은 하나님이 허락해 주신 것입니다. 저를 사랑하는 하나님을 온전히 신뢰하며 감사할 수 있도록 나의 눈을 바꾸어 주세요. 힘들고 어려운 상황도 아시는 하나님, 공부하기 힘들게 하는 모든 요소들도 주님이 신실히 바꾸어 주실 줄 믿습니다. 예수님의 이름으로 기도드립니다. 아멘.

흔적남기기

53 아첨하는 말의 대가와 진실한 말의 대가는?

친구의 아픈 책망은 충직으로 말미암는 것이나 원수의 잦은 입맞춤은 거짓에서 난 것이니라(잠언 27:6)

고대 페르시아의 코스로스 황제가 어느 날, 평소 정사를 논하던 고문관들을 불러 말을 했습니다.

"나에 대한 여러분의 거짓 없는 의견을 듣고 싶소. 그 대가는 지불하리다."

그러자 고문관들은 한 사람씩 나서서 황제에 대한 갖은 미사여구로 아첨을 했습니다. 그러나 엘림이라는 사람은 달랐습니다.

"폐하, 저는 말하지 않겠습니다."

"이유가 무엇이오?"

"진실은 대가를 바라는 것이 아니기 때문입니다."

"좋소. 그대에겐 대가를 지불하지 않겠소. 아무튼 바른 말을 해주시오."

엘림은 그제야 입을 열어 황제의 약점과 실정을 낱낱이 들추었습니다. 황제는 한참 생각에 잠기더니 약속한 대로 고문관들에게 각각 보석을 대가로 지불하였습니다. 그러나 엘림에게는 수상직을 맡아 달라고 하였습니다. 그런데 다음날 고문관들이 황제를 찾아왔습니다. 그들 중 대표가 말하였습니다.

"폐하께서 저희에게 주신 보석을 판 상인을 붙들어 교수형에 처해주시기 바랍니다. 그 보석은 모두 가짜였습니다."

그러자 황제가 당연하다는 듯이 대답했습니다.

"그대들 말도 가짜이지 않았느냐?"

정직한 말은 오랜 시간이 걸리더라도 반드시 그 빛을 드러냅니다. 모든 사람들에게 참빛이 되는 진실한 사람이 되시기 바랍니다.

기도 | 하나님, 저에게 언제나 옳은 말을 해 주는 진실한 친구와 부모님, 선생님을 주셔서 감사드립니다. 저를 칭찬해 주는 말들은 저를 기분 좋게 해 줍니다. 그러나 없는 것을 있는 것처럼 꾸며 거짓말을 늘어놓는 친구들은 저에게 유익이 되지 않는다는 것을 잘 압니다. 친구가 저에게 충고를 해 줄 때에 잘 받아들일 수 있도록 도와주시고 저 또한 친구에게 진실한 말을 할 수 있도록 도와주세요. 예수님의 이름으로 기도드립니다. 아멘.

흔적남기기

52 값 없이 받은 은혜

내가 전심으로 주께 감사하며 신들 앞에서 주께 찬송하리이다 내가 주의 성전을 향하여 예배하며 주의 인자하심과 성실하심으로 말미암아 주의 이름에 감사하오리니 이는 주께서 주의 말씀을 주의 모든 이름보다 높게 하셨음이라 내가 간구하는 날에 주께서 응답하시고 내 영혼에 힘을 주어 나를 강하게 하셨나이다 (시편 138:1-3)

강물에 살고 있는 물고기들 사이에 이런 질문이 오갔습니다.

"우리의 생명이 물에 좌우된다고 하는데 물이 도대체 어떻게 생겼길래 우리가 한 번도 보지 못했을까?"

서로 이야기하던 끝에 지혜롭다는 물고기가 동료들에게 이렇게 제안했습니다.

"큰 바다에는 모든 것을 잘 알고 있는 학자가 있다고 하더라. 우리 한 번 가서 물어보자."

그리하여 몇 마리의 물고기가 학자 물고기를 찾아 큰 바다로 갔습니다. 자초지종을 조용히 듣고 난 늙은 학자 물고기는 이렇게 말했습니다.

"내 어찌 자네들에게 물이라는 것을 보여줄 수 있겠는가마는, 자네들은 물 안에서 생겨났고 물 안에서 움직이고 살다가 죽는다네. 물 안에서 살고 있으면서 이때까지 그것도 몰랐단 말인가? 자네들을 둘러싸고 있는 것 전부가 물일세."

물고기가 물을 떠나서 살 수 없듯이 우리는 하나님을 떠나 살 수 없는 존재입니다. 하나님을 떠난 행복은 존재할 수 없습니다. 하늘과 땅, 온 우주 만물에 하나님의 은혜가 충만합니다. 모든 것은 주님 안에 있습니다. 지금 하나님께 감사와 찬송으로 나아가십시오.

"하나님, 당신은 나를 하늘을 향해 살도록 창조하셨기에, 우리는 당신 품에 거하기까지는 안식을 모르며 내 마음은 불안에 떨고 있을 뿐입니다. 한낮의 밝음도, 한 밤의 어두움도, 삶도, 죽음도, 모두가 당신 손안에 있습니다." - 어거스틴

기도 | 하나님, 저는 주님 안에 있음을 확신합니다. 주님께 나의 입을 열어 찬송과 감사로 나아갑니다. 물 안에 있으면서 물이 무엇인지 몰랐던 물고기들 같이, 주님 안에 있는데도 그렇지 않은 것처럼 산 것을 회개합니다. 주님, 저를 강하게 붙들어 주세요. 두려운 마음에 하나님이 어디 계시느냐고 원망하지 않겠습니다. 언제나 함께 하시는 하나님, 감사와 찬송 드립니다. 예수님의 이름으로 기도 드립니다. 아멘.

흔적남기기

51 하나님의 확률

시온에 거주하며 예루살렘에 거주하는 백성아 너는 다시 통곡하지 아니할 것이라 그가 네 부르짖는 소리로 말미암아 네게 은혜를 베푸시되 그가 들으실 때에 네게 응답하시리라 (이사야 30:19)

프랭클린 그래함(Franklin Graham)은 항공 면허를 얻자마자 비행을 시작하였습니다. 그런데 앨라배마주의 모빌을 지날 때 악천후를 만났습니다. 항공관제사들은 그에게 북쪽으로 가라고 통보를 해주었습니다. 그런데 그가 구름 위로 올라가자 통신장치와 계기판이 불통되고 말았습니다. 상황이 절박하다는 것을 깨달은 프랭클린은 비행기의 조종간을 붙잡고, 하나님께서 개입해 주시도록 간절히 구했습니다. 그는 기도하는 마음으로 구름 아래로 내려와 착륙할 곳을 찾았습니다. 그런데 멀리 잭슨시의 불빛들이 보이기 시작했습니다. 그는 빙빙 도는 신호소 불빛을 향해 날아가 관제탑을 돌다가 수동 착륙을 시도했습니다.

그런데 바로 그 순간, 활주로의 비상 착륙등이 켜졌고, 프랭클린은 안전하게 착륙할 수 있었습니다. 그가 내리자 비상등은 곧 꺼져버렸습니다. 그가 내린 것을 알게 된 관제탑에서는 누가 착륙허가를 내렸냐고 물었습니다. 상공을 선회하고 있는 프랭클린의 비행기를 본 사람이 아무도 없었기 때문이었습니다. 그들이 조사 후 발견한 것은 한 관제사가 그 등을 켰다는 것이고, 그 관제사는 그곳을 방문한 어떤 목사님에게 통신장치가 망가진 조종사를 어떻게 도울 수 있는지에 대해 설명하고 있었다는 것이었습니다.

열심히 기도했던 제목이 우연한 기회로 응답 되었을 때 어떤 생각이 들었나요? 많은 사람들이 살고 있고, 또한 많은 사람들이 하나님께 기도를 하고 있을 텐데 내 기도를 잊어버리신 건 아닌가 하고 생각한 적은 없나요? 하나님께서는 여러분 모두의 기도를 들으시고 가장 적절한 시간에 응답을 주십니다. 아직 기도에 응답이 되지 않아 마음이 답답한가요? 인내하고 기다려 보세요. 하나님께서 가장 좋은 시간에 가장 좋은 응답을 주실 거예요.

기도 | 언제나 빛이 되시는 하나님께 감사드립니다. 저를 둘러싸고 있는 이 답답한 환경 때문에 많이 초조했습니다. 그러나 하나님께 기도하는 가운데 하나님께서 우리의 기도를 들으시고 가장 적절한 시간에 응답해 주신다는 것을 알게 해주셔서 감사드립니다. 항상 하나님을 신뢰하고 하나님을 떠나지 않겠습니다. 예수님의 이름으로 기도드립니다. 아멘.

흔적남기기

50 예수를 만나는 길

내가 주는 물을 마시는 자는 영원히 목마르지 아니하리니 내가 주는 물은 그 속에서 영생하도록 솟아나는 샘물이 되리라(요한복음 4:14)

성 프랜시스가 제자들과 함께 전도를 나갔습니다. 제자들은 성 프랜시스가 큰 소리로 외치며 전도를 할 줄 알았는데, 힘겹게 짐을 지고 가는 사람에게는 짐을 대신 져주고, 밭에서 땀 흘리며 일하는 사람에게는 김을 함께 매주면서 하루 종일 예수 믿으라는 말은 단 한 마디도 하지 않았습니다. 제자들이 의아해하며 물었습니다.

"왜 예수 믿으라는 말은 단 한마디도 하지 않습니까?"

그러자 성 프랜시스 이렇게 말했습니다.

"우리가 예수님을 모시고 살면 우리의 인격의 향기를 통해서 그들이 예수를 만나게 되는 것이지. 어려운 사람을 도와주는 바로 그 순간에 그들은 예수를 만나게 되는 것이라네."

예수님을 믿는다는 것은, 내 안에 예수님이 사신다는 것입니다. 내 안에 예수님이 살아계시면 그분이 사셨던 삶, 그대로 나에게 흘러나올 것입니다. 겸손, 사랑, 베풂, 평안. 예수님을 주인으로 모신 자에게는 결코 마르지 않는 '샘물'이 그를 적시고 흘러넘쳐서 주위로 퍼져갑니다. 그리스도의 향기가 그에게는 늘 만연합니다.

나에게는 어떤 향기와 물이 흘러나오고 있나요? 예수님의 것이 아니라면 썩은 향기, 썩은 물만 나올 것입니다. 원망, 짜증, 불평, 시기, 다툼, 이기주의, 불안, 초조.

예수를 믿는 사람은 자기 자신을 위해서 사는 삶에 대해 이미 죽었습니다(고후 5:15). 오늘 예수님이 내 안에 사심을 고백하면서 주님을 의지해 보세요. 우리 삶에 맑은 샘물, 아름다운 주의 향기가 흘러 나뿐만 아니라 다른 친구들에게도 전해질 것입니다.

기도 | 하나님, 주님이 제게 허락하신 생명이 영원함을 다시금 보여주셔서 감사드립니다. 예수님이 저의 주인으로써 인도해 주시지 않으면 오직 썩은 향기, 썩은 물만 흘러넘칠 뿐입니다. 십자가에서 예수님을 주인으로 모셨는데 이제는 주님의 향기와 주님이 주시는 맑은 샘물이 넘치게 해주세요. 수능으로 바쁘지만 친구들과 사람들에게, 삶으로 예수님을 전함을 잊지 않겠습니다. 예수님의 이름으로 기도드립니다. 아멘.

흔적남기기

49 환영행사를 피한 나이팅게일

젊은 자들아 이와 같이 장로들에게 순종하고 다 서로 겸손으로 허리를 동이라 하나님은 교만한 자를 대적하시되 겸손한 자들에게는 은혜를 주시느니라(베드로전서 5:5)

'백의(白衣)의 천사'로 잘 알려져 있는 나이팅게일의 이야기입니다. 그녀는 1853년에 발발한 크리미아 전쟁에서 부상병을 간호하고, 1만 3천 명의 환자를 치료해 주었습니다. 이 일로 나이팅게일은 영국뿐 아니라 전 세계의 찬사를 받게 되었습니다.

크리미아 전쟁이 영국과 터키 연합군의 승리로 끝난 후, 나이팅게일도 영국으로 귀국한다는 소식이 알려지자, 영국 국민들은 그녀를 전쟁의 영웅들보다도 더 존귀하게 맞이하기 위하여 대대적인 환영 준비를 하였습니다. 그러나 명예스러운 훈장이나 영광 받기를 즐겨 하지 않은 나이팅게일은 영국으로 귀국하려던 계획을 바꾸었습니다.

"영국으로 돌아가지 않겠어요. 프랑스행 비행기 편을 준비해 주세요."

그녀는 항공사를 찾아가서 비행기표를 바꾸고 아무도 모르게 프랑스로 가게 되었습니다. 이와 같은 사실을 뒤늦게 알게 된 영국 국민들은 크게 실망하였습니다. 그런데 나이팅게일이 프랑스로 가게 된 배경에는 환영행사를 피하려 함에 있었다는 사실이 알려지자, 영국인들은 다시 그녀를 존경하게 되었습니다.

"역시, 아름다운 천사야!"

그녀의 겸손한 태도는 사람들의 가슴에 깊은 감동을 안겨주었습니다.

'너희 중에 높아지려거든 가장 낮은 자리로 가라'시던 예수님의 말씀을 기억합니다. 하나님과 동등된 분이셨지만 자신을 낮춤으로써 겸손의 모본을 보이신 예수님과 같이 우리도 겸손하기를 원합니다. 사람들로부터 존경을 받을 수 있는 것은 권력이나 교만으로써가 아니라 겸손한 마음과 생활 태도에 달려 있음을 기억합시다.

기도 | 하나님, 작은 칭찬 하나만 들어도 나 자신이 잘했기 때문에 칭찬받는 것이라고 생각했습니다. 그래서 스스로 우쭐한 적이 많았습니다. 하지만 저에게 잘할 수 있도록 도와주시고 칭찬받게 해 주신 분은 하나님이십니다. 하나님, 겸손의 지혜를 주세요. 언제나 하나님 앞에 겸손하고 정직한 사람이 되고 싶습니다. 예수님의 이름으로 기도드립니다. 아멘.

흔적남기기

48 행복한 삶을 위한 십계명

주를 향하여 이 소망을 가진 자마다 그의 깨끗하심과 같이 자기를 깨끗하게 하느니라(요한일서 3:3)

1. 무엇인가를 주되 조건을 달지 말 것
   주께서는 주는 자가 받는 자보다 복이 있다 하셨습니다(행 20:35).

2. 친절을 베풀고 잊어버릴 것
   천사들을 극진히 대했던 아브라함은 아들을 선물로 받았습니다(창 18:1-10).

3. 노인들을 가까이 모시고 경륜을 배울 것
   경험은 돈으로 사지 못합니다.

4. 어린아이의 얼굴을 자주 들여다볼 것
   천사의 모습을 보게 될 것입니다. 때 묻은 마음을 씻어냅시다.

5. 자주 웃을 것
   삶을 윤기 있게 합니다. 웃음은 긴장을 풀어주고 얼굴에 생기를 줍니다.

6. 감사할 것
   범사에 감사하라고 하셨습니다(살전 5:18).

7. 기도할 것(기도는 바른 삶의 길을 열어 줍니다.)
   "나는 갈 길 모르니 주여 인도하소서" (찬 421장).

8. 일(공부)을 할 것
   일하기 싫거든 먹지도 말라고 하셨습니다(살후 3:10).

9. 영원히 살 것처럼 계획을 세울 것

인간은 영원을 사모하는 존재입니다(전 3:11).

10. 오늘이 마지막인 것처럼 살 것

한 번 죽는 것은 정한 이치입니다.(히 9:27).

오늘 주님은 '주를 향하여 이 소망을 가진 자마다 그의 깨끗하심과 같이 자기를 깨끗하게 한다'고 말씀하십니다. 행복을 얻어내려고 애쓰는 것이 아니라, 그것을 온전히 누리기 위해서 주님의 세미한 음성에 귀 기울여야 합니다. 그러면 기쁨과 평안으로 행복한 삶을 누리게 하실 것입니다.

기도 | 하나님, 행복하게 살기 위해서는 어떻게 해야 할까 궁금했었는데 이미 그 행복을 누릴 수 있는 모든 것을 허락하셔서 감사드립니다. 주님의 말씀에 귀 기울입니다. 주님의 뜻대로 이끌어 주셔서, 주님 주신 행복을 누리게 해주세요. 주님, 저에게 소망을 주셔서 감사드립니다. 이 소망의 행복이 흘러넘쳐서, 내 주위에도 넘치게 해주세요. 예수님의 이름으로 기도드립니다. 아멘.

흔적남기기

47 신앙인의 재산 목록

하늘은 기뻐하고 땅은 즐거워하며 모든 나라 중에서는 이르기를 여호와께서 통치하신다 할지로다 바다와 거기 충만한 것이 외치며 밭과 그 가운데 모든 것은 즐거워할지로다 (역대상 16:31-32)

어떤 회계사가 비록 가난하지만 아주 진실한 교인의 세금 보고서를 대신 작성해 주려고 찾아갔습니다. 그 회계사는 "소유하고 계신 재산에 대해서 말씀해 주시겠습니까?"라고 물었습니다.

"글쎄요. 나는 많은 것들을 가지고 있습니다. 첫째, 나에게는 영생이 있습니다. 둘째, 크고 아름다운 집이 천국에 있습니다. 셋째, 다른 사람들은 감히 생각조차 할 수 없는 평화를 소유하고 있습니다. 넷째, 말로 다할 수 없는 즐거움이 있고요, 다섯째, 영원히 변하지 않는 사랑을 받았습니다. 여섯째, 진실하고 변함없는 친구들이 있습니다. 일곱째, 캄캄한 밤중에도 찬송을 부를 수 있습니다. 여덟째, 생명의 면류관이 있습니다. 아홉째, 나의 필요한 모든 것을 풍족하게 채워주시는 나의 구세주 예수 그리스도를 모시고 살아갑니다."

그러자 그 회계사는 장부를 조용히 덮으면서 "당신은 이 세상에서 가장 많은 것을 소유하고 있습니다. 그러나 아무도 당신의 재산에 세금을 부과할 수는 없습니다."라고 말했답니다.

여러분은 이 모든 것을 소유하고 있나요? 마음속에 확신이 있다면 여러분은 세상 그 어떤 것보다 가치 있는 것을 소유한 것입니다. 내가 남보다 많은 것을 소유하지 못했다고 낙심하지 마시기 바랍니다. 우리는 더 귀하고 값진 것을 소유했습니다.

하나님이 주신 귀한 '천국의 기쁨'을 뒷전으로 미뤄두고 있지는 않았나요? 우리의 영원한 소유는, 지금 보이지 않지만 무엇보다도 확실한 것입니다. 주님과 함께 할 때 누려지는 이 천국의 기쁨을, 다른 분주함과 눈앞의 즐거움을 위해 미뤄두지 마세요. 지금! 주님을 만나는 자리로 나아가세요.

기도 | 기쁨의 하나님, 오늘도 저에게 많은 깨달음을 주시니 감사합니다. 엄청난 천국을 소유했다는 것은 정말 놀라운 일이에요! 주님을 찬양합니다! 주님과의 시간이 소홀했던 것을 용서해 주세요. 입시라는 관문이 있지만, 그것도 주님과 함께 할 때 능히 이겨낼 수 있음을 고백합니다. 어떠한 것도 이 기쁨을 빼앗지 못하도록 지켜주실 주님을 신뢰합니다. 예수님의 이름으로 기도드립니다. 아멘.

흔적남기기

46 기도하는 손

내 형제들아 만일 사람이 믿음이 있노라 하고 행함이 없으면 무슨 유익이 있으리요 그 믿음이 능히 자기를 구원하겠느냐 만일 형제나 자매가 헐벗고 일용할 양식이 없는데 너희 중에 누구든지 그에게 이르되 평안히 가라, 덥게 하라, 배부르게 하라 하며 그 몸에 쓸 것을 주지 아니하면 무슨 유익이 있으리요 이와 같이 행함이 없는 믿음은 그 자체가 죽은 것이라 (야고보서 2:14-17)

한 마을에 두 소년이 살았습니다. 두 소년은 나이 차이가 있었지만 그림 그리기를 좋아해서 늘 사이좋게 지냈습니다. 어느 날 두 소년은 도시로 가서 그림 공부를 하려고 함께 마을을 떠났습니다.

형편이 넉넉하지 못해서 한 사람은 일을 해야 했습니다. 그래서 나이가 많은 소년이 먼저 일을 하겠다고 했습니다. 먼저 공부하기로 한 소년은 열심히 그림을 공부하여, 몇 년 후에 그림을 팔 수 있게 되었습니다. 소년은 처음으로 그림을 판 돈을 받자 기쁜 마음으로 또 다른 소년이 일하는 식당으로 달려갔습니다.

그런데 소년은 창밖에서 식당을 들여다보고 말문이 막혔습니다. 콘크리트 바닥에 자기의 친구가 꿇어앉아 빗자루를 옆에 놓고 기도드리고 있었던 것입니다.

"하나님, 저는 힘든 일을 오래 했기 때문에 뼈가 굳어버려서 이제 그림을 공부할 수 있게 되더라도 훌륭한 화가는 될 수 없습니다. 대신 제 친구는 더욱 유명한 화가가 될 수 있도록 도와주세요.”

창밖에서 소년은 이 기도를 들으며 눈물을 흘렸습니다. 그리고 곧 종이를 꺼내 친구의 기도하는 손을 그렸습니다. 자기를 위하여 봉사한 그 거룩한 손, 비록 거칠지만 친구를 위하여 희생된 그 손을 그려 오늘날까지 남아 있게 된 것입니다.

기도는 말로만 하는 것이 아닙니다. 기도에는 행함(action)이 동반되어야 합니다. 친구를 축복하며 기도하는데, 나의 행동은 전혀 반대로 가고 있지는 않았나요? 모두가 삭막한 경쟁을 한다고 해서 나도 덩달아 그렇게 따라간 것은 아닌가요? 나의 도움이 절실한 친구들이 있습니다. 그 친구를 위해 기도합시다. 친구를 위한 기도를 하나님은 결코 헛되이 하지 않으십니다.

기도 | 하나님, 앞의 목표만을 바라보다 보니 자기중심적으로 되기가 쉬웠습니다. 친구를 위해 기도하지만, 진심으로 친구가 잘 되기 바라는 마음이었는지요. 또, 저의 도움을 필요로 하는 곳에 시간이 없고 바쁘다고 모른체해버린 것들이 많지 않았는지요. 저의 입시 상황이 하나님의 자녀라는 사실을 바꿀 수는 없습니다. 제 삶을 그렇게 이끌어 주세요. 하나님의 사랑을 실천하게 해주세요. 감사드립니다. 예수님의 이름으로 기도드립니다. 아멘.

45 늘 웃음이 떠나지 않았던 사람

여호와를 의뢰하고 선을 행하라 땅에 머무는 동안 그의 성실을 먹을 거리로 삼을지어다 또 여호와를 기뻐하라 그가 네 마음의 소원을 네게 이루어 주시리로다(시편 37:3-4)

6·25 전쟁이 끝난 휴전 직후에는 물이 매우 귀했습니다. 그래서 물을 길어다 파는 물 장수가 많았습니다. 물 장수들은 물통을 지고 가파른 언덕길을 오르게 될 때에는 힘이 들어 이맛살을 찌푸렸습니다.

그런데 물 장수 중에 한 사람은 하얀 입김을 내뿜으면서 언제나 노래를 부르고 얼굴에 미소가 떠나지 않았습니다. 하루는 그에게 "아저씨는 항상 노래를 부르고 기쁜 얼굴인데 무엇이 그리 즐거우세요?" 하고 물었습니다. 그랬더니 "예, 나는 예수를 믿는 사람입니다. 하나님께서 나와 함께하시니 이렇게 기쁩니다. 학생도 예수 믿으세요."라고 전도를 하는 것이었습니다.

내가 볼 때에 그 물 장수가 기뻐할 것이 하나도 없음에도 불구하고, 그는 언제나 기쁨으로 충만했습니다. 나중에 알고 보니까 그가 부른 노래가 다름이 아닌 "내 주를 가까이하게 함은"이란 찬송이었습니다. 그는 하늘에 계신 아버지의 자녀임을 알고 하나님께서 함께하심을 알았기 때문에 얼굴에 늘 웃음이 떠나지 않았던 것입니다.

하나님의 성실하심이 우리의 '먹을거리'랍니다! 하나님은 거짓도,

회전하는 그림자도 없으신 미쁘신 주님이십니다. 오늘 이 하나님께서 우리에게 하나님을 기뻐하라고 말씀하십니다. 주님으로 인해 만족하십시오. 하나님 한 분만으로 만족하고 기뻐하면 우리의 삶은 늘 행복할 것입니다. 또한 하나님께서는 하나님만을 생각하며 기뻐하고 늘 의지한다면 우리 마음의 소원을 이루어주신다고 약속하십니다. 하나님은 우리의 모든 것 되십니다.

기도 | 하나님, 변하지 않으시는 하나님이 제 기쁨의 이유이심을 찬양합니다! 주님 한 분만으로 기뻐하는 믿음을 허락해 주세요. 저에게 천국 백성이 될 수 있게 허락해 주심을 감사드립니다. 세상이 힘들고 모질어도 하나님께서 함께하시니 그 어디라 하더라도 저에게는 천국입니다. 저의 욕심을 내려놓고, 주님을 의지하고 주님 말씀대로 행하겠습니다. 감사드립니다. 예수님의 이름으로 기도드립니다. 아멘.

흔적남기기

44 하나님과 함께 장애물 뛰어넘기

하나님이 이르시되 그가 나를 사랑한즉 내가 그를 건지리라 그가 내 이름을 안즉 내가 그를 높이리라 그가 내게 간구하리니 내가 그에게 응답하리라 그들이 환난 당할 때에 내가 그와 함께 하여 그를 건지고 영화롭게 하리라 (시편 91:14-15)

입으로 그림을 그리는 김준호라는 사람이 있었습니다. 그는 군복무 중, 전차에서 떨어져서 목을 심하게 다쳐서 머리와 목을 제외한 전신이 마비가 되고 말았습니다.

이러한 참담한 가운데, 뜻하지 않게 성경을 읽게 되었습니다. 손을 쓰지 못하기 때문에 입에다 젓가락을 물고 성경책을 넘기면서 성경을 읽게 되었습니다. 날마다 성경을 읽던 중, '하나님을 믿는 사람에게는 어떠한 처지에서도 감사할 만한 삶이 허락되었다'는 사실을 발견한 뒤부터 하나님의 말씀 속에서 감사하며 소망을 지닐 수 있게 되었습니다.

그는 젓가락으로 책장을 넘기면서 성경을 읽다가 하나님의 은혜를 받게 되었고, 그 후로 입으로 그림을 그리기 시작하여 글씨까지 쓰게 되었다고 합니다. 너무 오랫동안 붓을 입에 물고 애쓴 탓으로 이가 흔들리고 잇몸에서 피가 흐르기도 했지만, 그는 입술이 부어서 터질 정도로 자신과의 싸움을 계속하면서 그림을 그리고 글씨를 썼다고 합니다. 이와 같은 피나는 노력으로 동양화 40점, 서예 15점을 가지고 개인 전시회를 2번이나 열었습니다. 그는 신체적으로 볼 때 무능하고 가난한 자였지만 하나님을 통하여 삶의 능력과 삶의 지혜를 얻을 수 있었습니다.

여러분은 지금 자신과의 싸움에서 승리하고 있습니까? 가장 큰 장애는 바로 안된다는 부정적인 자신의 마음입니다. 진정한 싸움의 상대는 여러분 자신임을 잊지 마세요. 오늘 말씀으로 하나님과 함께 승리할 수 있습니다. 이 말씀을 깊이 묵상하며 기도합시다.

기도 | 하나님, 구필화가이신 김준호 아저씨께 성경을 보여주신 것은 우연이 아니라 하나님의 계획이심을 믿습니다. 또한 저에게 하나님의 말씀과 좋은 예화를 보여주시는 것도 우연이 아니라 하나님의 계획이라고 믿습니다. 우리를 고통과 실망 중에서 건지시기 위해 우리에게 피난처가 되시는 하나님께 감사드립니다. 예수님의 이름으로 기도드립니다. 아멘.

흔적남기기

43 미 국무장관의 겸손

그러므로 너희는 하나님이 택하사 거룩하고 사랑 받는 자처럼 긍휼과 자비와 겸손과 온유와 오래 참음을 옷 입고(골로새서 3:12)

미국의 어떤 사업가가 한 호텔을 찾아 투숙할 방을 요청하였습니다. 그러나 이미 호텔에 방이 남아 있지 않았습니다. 실망한 표정으로 걸어 나가는 그에게 어떤 신사가 "지금은 어디를 나가더라도 방을 구할 수 없을 겁니다."라며 자기와 같이 지내자고 했습니다. 그 사업가는 안도의 한숨을 내쉬며 신사의 제의를 받아들여, 그날 함께 투숙을 하게 되었습니다.

그날 밤, 신사는 잠들기 전 기도하면서 사업가와 그의 사업을 위해서도 간절히 기도했습니다. 그리고 아침에 일어나자마자 성경을 읽을 시간이라며 성경을 읽고는 또 열심히 기도했습니다.

아침 식사를 같이 하고 헤어질 시간이 되어, 서로의 명함을 교환하게 되었습니다. 신사의 명함에는 '윌리엄 제임스 오브라이언'이라고 적혀 있었습니다. 사업가가 의아스럽다는 듯이 "국무장관하고 이름이 똑같군요"라고 말했더니 신사는 겸손한 어투로, "네, 같은 인물입니다."라고 대답했습니다. 사업가는 그토록 겸손하고 사랑이 넘치며 섬기는 자세를 가진 오브라이언 장관으로부터 큰 감동을 받았고, 그에게서 그리스도의 모습을 발견할 수 있었다고 합니다.

최고의 겸손은 예수님이 드러나는 것입니다. 하나님의 사람인 우리들은 어떠한 지위와 환경에서도 하나님을 섬기는 겸손한 사람이 되어야 합니다. 죽은 나무는 지나치게 휘면 부러지고 말지만 산 나무는 부러지지 않습니다. 오브라이언 장관과 같이 살아있는 신앙으로 겸손과 참된 사랑의 빛을 발할 수 있는 우리가 되기를 바랍니다.

기도 | 하나님, 제가 겸손히 낮아질 때, 주님이 높아지심을 보았습니다. 저의 낮아짐으로 예수님이 드러나시는 일은 참 놀랍고 감사한 일입니다! 오브라이언 장관의 신앙처럼 저의 신앙도 살아 있어서 언제나 예수님을 드러내는 모습 되게 해주세요. 스스로를 자랑하여 낮아지는 사람이 아니라 하나님을 제 삶의 주인으로 모시고 겸손해짐으로써, 하나님께서 높이시는 사람이 되게 해주세요. 예수님의 이름으로 기도드립니다. 아멘.

흔적남기기

42 송어 낚시

그러므로 누구든지 나의 이 말을 듣고 행하는 자는 그 집을 반석 위에 지은 지혜로운 사람 같으리니 (마태복음 7:24)

한 노인이 송어 낚시를 하느라고 분주하게 손을 놀리고 있었습니다. 지나가던 청년이 이 노인을 유심히 지켜보다가, 다른 사람들보다 쉽게, 또 많이 낚는 것을 보았습니다. 신기하게 여긴 청년이 한참을 지켜보다가 노인에게 물었습니다.

"노인장께서는 낚시질을 참 잘하십니다. 어떻게 이처럼 잘하실 수 있습니까?"

노인은 기분 좋게 청년에게 말했습니다.

"송어 낚시를 하는 데는 네 가지 비결이 있네. 첫째, 한 눈을 팔지 말 것. 둘째, 미끼를 잘 사용할 것. 셋째, 인내를 가지고 기다릴 것. 넷째, 적당한 기회가 왔을 때는 절대로 놓치지 않는 것 일세. 이것을 그대로 행할 뿐이지."

성공에 대한 교훈과 지침들은 거리에 넘쳐나고 있습니다. 너무나도 잘 알고 있는 원리들입니다. 그럼에도 불구하고 그 지침을 접하는 모든 사람이 성공하는 것은 아닙니다. 그대로 실천하는 사람들이 적기 때문이지요.

하나님의 사람들이 고난을 어떻게 견디어 냈는지, 그리고 하나님께서 그들에게 어떤 축복을 주셨는지 묵상해 보세요. 그리고 자신이 기적의 사람이 될 수 있다는 것을 믿고 하나님의 말씀과 명령을 실천하기를 바랍니다.

기도 | 하나님, 오늘 주님은 말씀을 듣고 행하는 자라야 반석 위에 집을 지은 지혜로운 사람이라고 하셨습니다. 지금은 공부할 때이며, 열심히 최선을 다해야 하는 것을 알고 있으면서도 그대로 실천하지 않았을 뿐인데, 결과에 대해서 수긍하지 못하고 불평했던 것을 용서해 주세요. 주님이 제게 말씀하신 것을 실천할 수 있도록, 순종할 수 있도록 힘을 주세요. 제 기도에 응답하시는 주님께 감사드립니다. 예수님의 이름으로 기도드립니다. 아멘.

흔적남기기

41 기억은 하나님의 선물

여호와가 너를 항상 인도하여 메마른 곳에서도 네 영혼을 만족하게 하며 네 뼈를 견고하게 하리니 너는 물 댄 동산 같겠고 물이 끊어지지 아니하는 샘 같을 것이라(이사야 58:11)

미국의 작가 오 헨리의 단편 소설 중에 한 남자에 관한 이야기가 있습니다. 그가 소년 시절, 어느 시골 학교에 다니고 있었는데, 예쁘고 착한 어린 소녀가 짝이었습니다.

이 남자는 성장하여 어른이 되어가면서 나쁜 친구들의 틈에 끼이게 되었고 마침내는 도둑질까지 하게 되었습니다.

어느 날, 한 남자의 주머니를 성공적으로 턴 것을 기뻐하며 길을 걷고 있을 때, 마침 옛날 자기의 짝이었던 그 소녀가 거리를 마주 걸어오고 있는 것을 보았습니다. 그녀는 변함없이 아름다운 옛 모습 그대로였습니다. 그에 비해 자신의 모습은 얼마나 비천해지고 말았는가 하는 생각에 사로잡혀서, 거리의 한 모퉁이에 몸을 숨기고는 머리를 가로등에 기댄 채 하나님을 향하여 이렇게 울부짖었습니다.

"오, 하나님! 나는 나 자신이 얼마나 미운지 모릅니다."

그의 기억은 잘못된 자신의 삶에서 돌이킬 수 있는 기회가 되었습니다.

기억할 수 있다는 것은 매우 소중한 것입니다. 지금 낙망스럽고 아무것도 보이지 않을 때 주님을 기억해 보세요. 하나님이 베푸셨던 은혜를 기억할 때 다시 일어날 힘이 생길 것입니다. 하나님의 말씀을 기억하세요. 우리를 항상 인도하고 계시며 힘주시는 하나님, 우리를 누구보다도 열렬히 응원하시는 하나님을 뵙게 될 것입니다.

기도 | 하나님, 저에게 행복한 순간을 기억할 수 있는 기억력을 주셔서 감사드립니다. 힘들고 지치고 포기하고 싶을 때마다 하나님께서 저에게 주신 그 행복을 떠올릴 수 있었습니다. 하나님의 귀한 말씀, 힘이 되는 말씀을 기억하게 해주셔서 힘이 들고 낙심될 때마다 하나님이 주신 말씀을 떠올리며 힘을 내었습니다. 날마다 하나님을 더 사랑하고 섬기며 말씀을 가까이하는 사람이 되겠습니다. 예수님의 이름으로 기도드립니다. 아멘.

흔적남기기

40 말의 3대문

혀는 능히 길들일 사람이 없나니 쉬지 아니하는 악이요 죽이는 독이 가득한 것이라 이것으로 우리가 주 아버지를 찬송하고 또 이것으로 하나님의 형상대로 지음을 받은 사람을 저주하나니(야고보서 3:8-9)

데이란 사람이 쓴 '세 황금 문'이란 글에 보면, 인간의 언어생활에 대해 다음과 같은 충고의 말이 나오고 있습니다.

말하기 전에 세 황금 문을 지나게 하라. 다 좁은 문들이다.

첫째 문은, "그것이 참말이냐?"

그리고 둘째 문은, "그것이 필요한 말이냐?"

네 마음속에서 참된 대답을 하라.

마지막이고도 가장 좁은 문은, "그것이 친절한 말이냐?"

그 세 문을 지나왔거든, 그 말의 결과가 어찌 될 것인가 염려 말고 크게 외쳐라.

우리의 혀는 작지만 엄청난 힘을 발휘합니다. 생각 없이 내뱉은 말 한마디가 친구를 아프게 하고 상처를 줄 수도 있습니다. 심지어 평생 지워지지 않는 한이 되기도 합니다. 오늘 말씀과 같이 찬송하는 입으로 저주를 낼 수 없습니다.

우리는 하나님을 믿는 사람으로서, 믿는 친구들과 믿지 않는 친구들에게 은혜의 말을 해 줄 수 있어야겠습니다. 내 입술의 부족함이 있다면 간구하며 기도하십시오. 지혜가 부족한 자에게 하나님은 꾸짖지 아니하시고 지혜를 주신다고 약속하셨습니다.

기도 | 하나님, 저의 말 한마디가 다른 친구를 더 힘들게 하고, 저 또한 부정적인 마음을 가지게 한 적이 많았습니다. 힘이 들어도 하나님을 의지하며, 항상 좋은 말을 하면 그 말들이 씨앗이 되어 좋은 일이 생길 것이라고 믿습니다. 어렵고 힘들어하는 친구에게 저의 말 한마디가 힘이 되어서 함께 이겨나갈 수 있도록 지혜를 허락해 주세요. 예수님의 이름으로 기도드립니다. 아멘.

흔적남기기

39 폭풍 속에서도 누릴 수 있는 평안

평안을 너희에게 끼치노니 곧 나의 평안을 너희에게 주노라 내가 너희에게 주는 것은 세상이 주는 것과 같지 아니하니라 너희는 마음에 근심하지도 말고 두려워하지도 말라(요한복음 14:27)

한 부자가 있었습니다. 그는 호화롭게 살았지만, 그의 마음은 늘 불안하고 초조했습니다. 어떠한 방법으로도 안정을 찾을 수 없었던 그는 궁리 끝에 마음을 평안하게 해주는 그림을 구하기로 하고, 화가들을 불러 거액의 돈을 지불한 뒤 그림을 그리게 했습니다.

드디어 화가들이 그린 그림을 전시하는 날이 되었습니다. 그는 전시장에서 작품을 하나하나 주의 깊게 감상했습니다. 아름다운 그림이 많았지만, 그의 마음에 진정한 평안을 주는 그림은 하나도 없었습니다. 그런데 맨 마지막에 걸려 있는 그림 앞에서 그는 발걸음을 멈추었습니다. 그 그림은 평안과는 거리가 멀어 보였습니다. 그것은 거대한 폭포수가 쏟아져 내리는 암벽 한 쪽 틈새에 작은 새가 둥지를 틀고 알을 품고 있는 그림이었습니다. 금방이라도 바람이 불면 폭포수에 휩싸여 천 길 만 길 아래로 떨어지고 말 것 같은 둥지인데도 알을 품고 있는 그 새의 눈에서는 불안과 공포의 그림자는 전혀 보이지 않았습니다.

그는 이 그림을 택했습니다. 사람들은 의아해하며 물었습니다.

"좋은 그림은 다 놔두고 하필 이 그림을 사는 이유가 무엇입니까?" 그러자 그는 분명한 어조로 대답했습니다.

"이 세상에 평안한 환경이란 있을 수 없습니다. 그러므로 진정한 평안을 얻는 길은 이 작은 새처럼 불안한 상황에서도 요동치 않고 평안을 유지하는 것입니다."

오늘 주님은 평안을 주신다고 약속하십니다. 주님이 주시는 평안 속에서 다만 너희는 마음에 근심하지도 말고 두려워하지도 말라고 말씀하십니다. 지금은 비록 어렵고 힘들지만, 주님 말씀대로 마음 속에 근심도 버리고 두려움도 버립시다. 말씀 중에, 기도 중에, 예배 중에 주님이 주시는 진정한 평안을 누리시기 바랍니다.

기도 | 평안을 주시는 하나님, 감사드립니다. 불안한 마음과 몸이 지쳐서 나쁜 생각이 점점 더 부풀어 오를 때마다, 저를 의로운 오른 손으로 붙들어 주시는 하나님께 감사드립니다. 진정한 평안은 폭풍 속에서도 요동하지 않는 마음인 것을 배웠습니다. 하나님의 말씀을 붙잡고 이 거친 파도 속에서 요동하지 않음을 믿습니다. 예수님의 이름으로 기도드립니다. 아멘.

흔적남기기

38 예수께서 나를 위해 무엇을 하셨는가

예수께서 이르시되 내가 곧 길이요 진리요 생명이니 나로 말미암지 않고는 아버지께로 올 자가 없느니라(요한복음 14:6)

로버트 스펜서는 <예수께서 나를 위해 무엇을 하셨는가>에서 다음과 같이 썼습니다.

"그분은 나에게 보다 분명한 도덕적인 비전을 보여 주셨고, 그 비전을 가지고 삶을 살아갈 수 있는 용기를 주셨다. 그분이 세상에서 일하셨을 때처럼 내게도 그런 강렬한 열망을 부어주셨고, 나태해지고 의기소침해질 때면 나를 타오르게 하셔서 내 안팎의 악에 대하여 적극적으로 대항하게 하셨다. 그분은 진리에 대한 확신을 심어 주셔서, 이 세상에서 어떠한 일이 일어난다 하더라도 나를 도우셔서 편안하게 쉬도록 하셨다. 하나님의 진리가 반드시 승리하기 때문이다. 예수께서는 내가 할 수 없는 것, 곧 여러 가지 다양한 상황들과 불평등한 삶의 조건들의 균형을 조화롭게 맞추셨고, 내 능력을 넘어서는 지나친 모든 극단적인 것들도 잘 보살펴 주셨다. 내게 은총을 베풀어주셨고, 불가능한 것이라고 생각되는 어려움도 잘 해낼 수 있도록 힘을 주셨으며, 더 나은 일이 이루어질 것 같은 때에는 포기할 수 있도록 도우셨으며, 내 능력이 부족하여 할 수 없을 때라도 내가 반드시 해야 할 일에는 겸손한 마음으로 하도록 격려하셨다. 나를 불안과 초조함으로부터 벗어나게 하셨고, 교만과 공허가 가져다주는 죽음의 공포로부터 이끌어 내셨으며, 사람들을 병들게 하는 모든 것들을 쳐다보지 않게 하셨다. 오직 가장 분명한 진리만을 이루게 하셨으며, 부수적인 것, 생의 진리의 이차적인 것들에게 휩싸이지 않도록 하셨다. 나로 하여금 새로운 내적 삶의 원리들을 일깨우도록 하셨고, 그분이 우리 삶의 원리임을 확신하게 하셨다. 내 인격 안에 또 다른 인격, 곧 우리 주 예수 그리스도의 인격이 자리 잡게 하셨고, 그를 위한 것이 아니라면 도저히 있을 수 없게 하셨으며 오늘날뿐 아니라 미래에도 동일하다는 확신이 내 안에 강하게 살아 있음을 느끼게 하셨다." 매일매일 이것을 생각하세요. 예수님이 나를 위해 무엇을 하셨는지... 우리도 로버트 스펜서와 같이 고백하게 될 것입니다. 무슨 일을 하기 전에 기억하고, 마친 후에 기억하며 감사 드려 보세요. 예수님은 우리의 생명의 길이십니다.

기도 | 하나님, 아침에 일어날 때, 공부를 시작하고 마칠 때, 활동을 많이 하는 낮 동안에, 그리고 하루를 마무리하는 시간에 늘 기억하게 해주세요. 예수님이 나를 위해 무엇을 하셨는지 기억하고 주님께 겸손히 감사드리며 주님과 동행하게 해주세요. 주님이 모든 것을 가르쳐 주시고 행하게 하실 줄 믿습니다. 저도 로버트 스펜서와 같이 고백하게 해주세요. 예수님의 이름으로 기도드립니다. 아멘.

흔적남기기

37 고아들을 위한 겸손

겸손한 자에게 여호와로 말미암아 기쁨이 더하겠고 사람 중 가난한 자가 이스라엘의 거룩하신 이로 말미암아 즐거워하리니 (이사야 29:19)

어느 작은 마을에 고아원을 설립한 부인이 있었습니다. 그러던 어느 날 고아원의 살림을 꾸려 가다가 돈이 떨어져 모금함을 들고 거리로 나서게 되었습니다. 그녀는 모금함을 들고 구걸하다시피 하는 자신의 처지가 불쌍하고 한심하고 창피하기도 했지만, 고아원에서 굶을 아이들을 생각하니 다시 힘을 낼 수밖에 없었습니다.

저녁이 되자 큰 길가에는 형형색색의 조명이 환하게 밝았습니다. 부인은 그중에 있는 화려한 술집으로 들어갔습니다. 그녀는 손님들에게 조심스럽게 다가가 모금함을 내밀었지만, 아무도 돌아보는 사람이 없었습니다. 한 남자에게 다가가 모금함을 내밀었을 때, 갑자기 그 남자는 "이게 재수 없게 왜 이래!" 하고 소리를 지르며 여인의 얼굴에 맥주를 뿌렸습니다. 순간 모든 사람들이 놀라 쳐다보았습니다. 그녀는 맥주로 범벅이 된 얼굴을 닦지 않고 오히려 그 남자에게 가까이 다가가서 나직한 목소리로 말했습니다.

"손님, 손님께선 저에게 맥주라도 주셨지만 우리 고아들에게는 무엇을 주시겠습니까?"

이때 술집 안은 찬물을 끼얹은 듯 조용해졌고, 하나둘씩 다가와 모금함에 돈을 넣기 시작했습니다. 마침내 그 난폭한 행동을 한 남자도 자신의 지갑을 몽땅 털어 모금함에 넣었습니다.

이 여인은 사람들이 자기를 어떻게 생각하느냐에 대한 생각보다 다만 자신이 보살피는 고아들에 대한 생각이 더 컸습니다. 그 사랑이 그녀를 이처럼 스스로 낮아지게 한 것입니다. 우리의 예수님도 동일하셨습니다. 하나님과 동등 된 분이셨지만, 나를 사랑하셔서 가장 낮은 모습으로 이 땅에 오셨습니다. 예수님을 기억할 때마다 우리는 겸손해질 수밖에 없습니다. 스스로 높아지는 것이 아니라, 하나님이 높여주시는 때를 기다리십시오.

기도 | 겸손의 하나님, 예수님을 기억할 때마다 겸손해지게 해주세요. 수험생이어서 모든 것을 제 위주로 생각했던 마음을 내려놓습니다. 하나님, 낮아짐의 지혜를 주세요. 하나님께서 높이실 때를 기다리며, 주위에 있는 가족과 친구들, 교회를 겸손히 섬기게 해주세요. 나를 위해 낮아지시고 그 사랑 주신 주님, 감사드립니다. 예수님의 이름으로 기도드립니다. 아멘.

흔적남기기

36 실패가 아닌 성공을 위한 계획

두려워하지 말라 내가 너와 함께 함이라 놀라지 말라 나는 네 하나님이 됨이라 내가 너를 굳세게 하리라 참으로 너를 도와 주리라 참으로 나의 의로운 오른손으로 너를 붙들리라(이사야 41:10)

어떤 청년이 22세에 인생의 첫 번째 사업에 실패하고, 이듬해부터 지방의회 선거에 세 번 입후보했으나 실패하였습니다. 그 후에 38세 때, 하원 의원 선거에 도전했으나 떨어졌습니다. 43세에 재차 하원 의원 선거에 도전했으나 또 낙선합니다. 46세에는 상원 의원 선거에 도전했으나 또 낙선합니다. 47세 되던 해, 부통령 선거에 도전했지만 낙선합니다. 49세 되던 해, 또 다시 상원 의원 선거에 도전했지만 낙선합니다. 그러나 51세 되던 해인 1860년 그는 미국의 대통령에 당선됩니다. 그의 이름은 아브라함 링컨입니다. 많은 이들이 당선을 축하하며 말했습니다.

"그렇게도 많이 실패하시더니 드디어 성공하셨군요."

그러자 아브라함은 미소를 지으며,

"실패라니요. 저는 전혀 실패한 적이 없습니다. 성공은 나를 위한 하나님의 계획입니다. 그동안 마신 고배는 성공을 위한 소중한 경험의 축적이었을 따름입니다."

그는 자기 인생의 성공을 하나님이 계획하셨다는 믿음으로 살았던 것입니다. 성공하는 자와 실패하는 자의 차이는, 실패했을 때의 모습에서 나타납니다. 성공자는 다시 한번 일어서서 도전하지만, 실패자는 실패에 머물러서 아무것도 하지 않는 사람입니다. 하나님 안에 있는 사람은 '실패'가 없습니다. 하나님께서 우리를 얼마나 세심하게 다루시는지 이루 말할 수 없습니다. 하나님의 계획은 완전하시며 실수가 없으십니다. 우리는 지금 그 하나님의 '과정'중에 있는 것입니다. 실패를 두려워하지 말고 다시 도전, 또 도전하세요. 결과는 하나님께 맡기고, 주님을 의지하며 최선을 다하세요!

기도 | 하나님, 오늘 저를 붙드시며 도와주신다 말씀하셔서 감사드립니다. 진정한 성공은 주님 안에 있을 때이며, 어떠한 실패도 주님 안에서는 실패가 될 수 없습니다. 결과에 대해서 주님께 맡겨드립니다. 제가 원하지 않는 결과일지라도 하나님의 인도하심을 신뢰하는 믿음을 주세요. 저를 아름답게 하실 주님을 신뢰합니다. 감사드립니다. 예수님의 이름으로 기도드립니다. 아멘.

흔적남기기

35 기도로 만든 모나미 153볼펜

여호와여 내 기도를 들으시고 나의 부르짖음을 주께 상달하게 하소서 나의 괴로운 날에 주의 얼굴을 내게서 숨기지 마소서 주의 귀를 내게 기울이사 내가 부르짖는 날에 속히 내게 응답하소서(시편 102:1-2)

볼펜의 대명사로 알려진 '모나미 153볼펜'의 송삼석 회장의 이야기입니다.

회사의 파산 위기 앞에서 할 수 있는 것은 기도뿐이었습니다. 그래서 기도원에 올라가서 기도를 하는데, 그동안 사업을 하면서 하나님 앞에 범죄 한 게 너무 많다는 것을 알게 되었습니다. 주일 성수를 하지 않은 것, 십일조를 하지 않은 것, 새벽 기도를 하지 않은 것을 깊이 그리고 철저히 회개하게 되었습니다.

이렇게 기도하고 난 다음에 하나님의 말씀을 읽고 있는데, 베드로가 예수님이 지시한 곳에서 그물을 던졌더니 153마리의 고기를 잡았으나 그물이 찢어지지 않았다(요 21:1-14)는 말씀에 영감을 얻었습니다. 그래서 그는 하나님 앞에서 이렇게 기도했습니다.

"하나님, 제가'모나미 153'이라는 볼펜을 만들겠습니다. 하나님, 이 볼펜이 모든 사람의 손, 아니 전 세계에 있는 모든 사람의 손에 다 들려지기 원합니다."

기도하고 난 후, 그는 목표를 크게 잡고"50억 자루가 팔리게 해주세요!"라고 기도를 마쳤습니다. 후에 기도대로 모나미 153 볼펜은 50억 자루가 팔렸습니다.

하나님의 능력으로 살아가는 일은 정말 멋진 일입니다! 특히, 어려운 중에서 주님의 일하심을 보는 것은 그 어느 위로보다도 확실하고 큰 힘을 줍니다. 좌절한 중에 그냥 머물러 있기에는 우리 하나님이 너무 크고 위대하시지 않은가요? 나를 붙잡고 계신 하나님의 손을 의지해서 벌떡! 일어나세요. 우리는 다른 것이 다 망하여도 기도할 수 있는 특권이 있답니다! 기도하고 주님의 말씀에 순종하세요. 하나님의 능력 안에 거하게 될 것입니다.

기도 | 하나님, 기도로 만든 모나미 153볼펜처럼, 제 삶도 기도로 만들어짐을 고백합니다. 기도할 때 저의 죄도 깨닫게 되고, 하나님의 능력으로 살 수 있음을 알게 되었어요. 나의 기쁨과 슬픔, 그리고 괴로움 가운데에도 늘 함께 하시는 주님께 감사드립니다. 기도할 수 있는 특권을 주심도 감사드립니다. 기도와 순종으로 하나님과 늘 함께이도록 해주세요. 예수님의 이름으로 기도드립니다. 아멘.

흔적남기기

34 제비꽃의 행복

너희 안에서 행하시는 이는 하나님이시니 자기의 기쁘신 뜻을 위하여 너희에게 소원을 두고 행하게 하시나니 모든 일을 원망과 시비가 없이 하라 이는 너희가 흠이 없고 순전하여 어그러지고 거스르는 세대 가운데서 하나님의 흠 없는 자녀로 세상에서 그들 가운데 빛들로 나타내며 생명의 말씀을 밝혀 나의 달음질이 헛되지 아니하고 수고도 헛되지 아니함으로 그리스도의 날에 내가 자랑할 것이 있게 하려 함이라(빌립보서 2:13-16)

아름다운 정원을 가진 한 임금이 있었습니다. 임금은 그 정원 때문에 늘 기쁘고 행복했습니다. 그러던 어느 날 정원에 나간 임금님은 꽃과 나무들이 모두 시들시들 죽어가고 있는 모습을 보고 크게 놀랐습니다. 임금님은 키가 작은 참나무에게 왜 죽어가느냐고 물었습니다. "저는 멋진 전나무처럼 키도 늘씬하지 못한데 살아서 뭐 하겠어요" 그래서 임금님은 다시 전나무에게 다가가서 물었습니다.

"넌 왜 힘이 하나도 없느냐?"

"임금님, 난 포도나무처럼 맛있는 열매를 맺을 수 없답니다."

이번엔 포도나무에게 물었습니다.

"임금님이 아끼시는 장미나무처럼 아름다운 꽃을 피울 수가 없어요. 장미나무는 얼마나 행복할까요?" 포도나무가 힘없이 포도잎을 떨구며 말했습니다. 임금님은 한숨을 푹 내쉬었습니다.

그런데 발밑에 키가 짤막한 제비꽃이 동그란 봉오리를 맺고 싱글 싱글 웃는 것이 보였습니다. 임금님이 그 제비꽃을 보고 "왜 너만은 그처럼 힘 있게 살고 있느냐?"라고 물었습니다.

"임금님이 나를 여기에 심어준 것은 제비꽃으로 잘 자라기를 바라신 거죠? 그래서 나는 키도 작고 예쁘지 않지만 열심히 꽃을 피워 임금님을 기쁘게 해드리고 나도 기쁘게 살 거예요!"

하나님이 지으신 대로 살아가게 될 때 진정한 만족이 있습니다. 내가 보잘것없어 보이나요? 아닙니다. 하나님은 나를 최고의 걸작품으로 만드셨습니다. 우리는 서로 비교할 수 없는 가치를 가지고 있답니다. 감사하고 기뻐하십시오! 그것이 하나님을 가장 영화롭게 하는 것입니다!

기도 | 하나님, 저의 잘못을 용서해 주세요. 지금까지 살면서 제가 저이기 때문에 기쁘고 행복한 적이 별로 없었습니다. 그저 멋진 얼굴과 물질, 성적에 대해서 생각을 하다 보니 나 자신에 대해 불만이 많았습니다. 오늘 하나님께서 저에게 가장 잘 맞는 것들을 허락하셨다는 것을 알게 되었습니다. 저의 신체와 가족과 친구들과 저를 둘러싼 모든 환경을 허락하셔서 감사드립니다. 예수님의 이름으로 기도드립니다. 아멘.

흔적남기기

33 우표책의 약속

예수께서 그들에게 대답하여 이르시되 하나님을 믿으라 내가 진실로 너희에게 이르노니 누구든지 이 산더러 들리어 바다에 던져지라 하며 그 말하는 것이 이루어질 줄 믿고 마음에 의심하지 아니하면 그대로 되리라 (마가복음 11:22-23)

죠지의 할머니는 그에게 우표책을 보내 주시겠다고 했습니다. 그렇지만 약속하신 날이 지나도 우표책은 오지 않았습니다. 그러나 죠지는 친구들에게 이렇게 말하곤 했습니다. “우리 할머니가 나에게 우표책을 주셨어. 지금 우편으로 오고 있는 중이야.”

이상하게 여긴 어머니가 “죠지야, 넌 할머니에게 우표책을 받지도 않았는데 왜 친구한테 그렇게 말하니?”라고 물었습니다. 그러자 죠지는 아주 당당하게 대답했습니다. “엄마, 할머니가 이미 약속하셨는걸요. 그건 제가 이미 받은 거나 같아요.”

그러나 한 달이 지나도 우표책은 여전히 오지 않았습니다. 하루는 그의 어머니가 그에게 말하였습니다. “죠지야, 할머니가 이미 그 약속을 잊어버리신 것 같구나.” 그러나 조지는 아랑곳하지 않았습니다.

“아니에요, 잊어버리실 리 없어요. 지금 할머니께 감사의 편지를 쓰면 어떨까요?” 죠지가 편지를 보낸지 얼마 되지 않아 답장이 왔습니다. “사랑하는 손자야, 네가 원하는 모양의 우표책을 이곳에서는 살 수가 없어서 뉴욕에 우편 주문을 했단다. 그러나 보내온 것이 너무 오래돼서 다시 시카고에 우편 주문을 했다. 너를 사랑하는 할머니로부터."

편지를 다 읽고 난 죠지는 기쁨에 찬 목소리로 어머니에게 말했습니다. "엄마, 제가 말했죠? 할머니가 약속한 것은 제가 이미 받은 것과 같다고요."

믿음은 바라는 것들의 실상이요, 보이지 않는 것들의 증거라고 말씀하셨습니다. 그것은 약속하신 분이 하나님이시기 때문입니다. 우리는 예수님으로 인해 하나님을 아버지라고 부르고 있습니다. 우리의 간구를 들으시는 분이 바로 우리의 하늘 아빠이신 것입니다! 하나님을 아주 잘 아는 사람은 의심이 사라집니다. 하나님을 깊이 알아가세요.

기도 | 신실하신 하나님, 하나님과 더 가까워지고 싶습니다. 아무 의심 없이, 할머니를 깊이 신뢰했던 죠지처럼, 하나님을 깊이 알고 싶습니다. 그래서 하나님이 저의 아버지이시기에 무엇이든지 기도하고 구하면 받은 줄로 믿으라는 말씀이 제 삶 속에 실제가 되기 원합니다. 말씀과 기도를 통해 점점 더 주님 알게 하시고 신뢰하게 해 주셔서 감사드립니다. 예수님 이름으로 기도드립니다. 아멘.

흔적남기기

32 생명을 살리는 응급조치

너는 마음을 다하여 여호와를 신뢰하고 네 명철을 의지하지 말라 너는 범사에 그를 인정하라 그리하면 네 길을 지도하시리라(잠언 3:5-6)

어느 수영장에서 갑자기 겁에 질린 비명 소리가 들려왔습니다.

"사람 살려! 우리 딸을 구해 주세요!" 한 남자가 의식을 잃은 여자 아이를 팔에 안고 있었습니다. 구조원이 재빨리 행동을 개시했지만 아이는 좀처럼 깨어나지 않았습니다. 그러나 포기할 수는 없었습니다. 인공호흡, 심장압박 등, 여러 차례 응급조치 후에 드디어 심장이 뛰는 것을 확인할 수 있었습니다.

아이의 응급조치가 이뤄지고 있을 때 그의 아버지는 옆에서 무릎을 꿇고 기도하고 있었습니다. 그리고 뒤에 있는 많은 사람들도 머리를 숙이고 기도하였습니다. 아이는 급히 병원으로 옮겨졌고, 건강하다는 소식을 들을 수 있었습니다. 발 빠른 응급조치로 그 어린 아이의 생명을 구할 수 있었습니다. 그러나 더욱 중요한 '응급조치'가 있었는데 그것은 바로 기도였습니다.

수능이 얼마 남지 않아서 조급한 마음에 공부 시간을 늘리고 기도를 쉬고 있지는 않나요? 어떠한 응급조치도 기도를 따라갈 수는 없습니다.

기도는 우리의 호흡입니다. 숨을 쉬지 않고 몸이 움직일 수 없는 것처럼, 기도하지 않는 사람은 그 시간에 더 많은 일을 하는 것 같아도 기도하는 사람을 결코 따라갈 수 없답니다. 하나님 안에서 쉬면서 '재충전'하십시오. 기도와 말씀의 시간은 바로 우리의 호흡이자 쉼입니다.

기도 | 신실하신 하나님, 우리 영의 호흡인 기도의 끈을 놓지 않게 해주세요. 어떠한 것도 주님과의 시간 보다 중요할 수 없습니다. 기도를 최우선 순위로 삼고 지킬 수 있도록, 마음의 분주함을 제거해 주세요. 하나님 안에서 쉼으로 다시 힘을 얻을 때, 그 어느 때보다 가장 열심히 할 수 있는 때임을 고백합니다. 쉬지도 못하고 공부의 노예가 되는 어리석음을 범치 않게 해주세요. 예수님의 이름으로 기도드립니다. 아멘.

흔적남기기

31 점자(點字)를 발명한 윌리엄 문

고난 당한 것이 내게 유익이라 이로 말미암아 내가 주의 율례들을 배우게 되었나이다 주의 입의 법이 내게는 천천 금은보다 좋으니이다 주의 손이 나를 만들고 세우셨사오니 내가 깨달아 주의 계명들을 배우게 하소서(시편 119:71-73)

윌리엄 문은 눈이 보이지 않는 대학생이었습니다. 그는 "주여, 눈이 보이지 않는 것을 감사합니다. 나로 앞이 보이지 않게 된 것을 투자하여, 주님 다시 오실 때, 당신이 주실 상에 높은 이자를 붙여서 받을 수 있게 하여 주세요."라고 기도하였습니다. 결국 그는 시각장애인을 위한 점자를 만들고 오백여 방언으로 번역하여 존경을 받았습니다.

하나님께 쓰임을 받는 것은 장애물이 있고 없는 것에 좌지우지되지 않습니다. 하나님은 우리를 쓰시기 원하시며, 우리를 통해 믿지 않는 세계의 많은 사람들이 돌아오기를 열망하십니다. 우리는 우리의 어려움을 남의 탓으로 돌리기 쉽습니다. 그러나 현재의 어려움은 하나님이 나를 다루시는 좋은 도구입니다. 우리는 이러한 고난을 통해 주의 율례들을 배우게 되고, 하나님을 알아가게 됩니다. 오늘 시편 기자가 노래한 것과 같이, 지금의 어려움을 하나님의 말씀을 알아가는 기회로 삼으십시오.

나의 뜻으로 살아가는 사람에게 고난은 무익하고 힘들고 짜증 나는 일입니다. 그러나 하나님의 뜻으로 살아가는 사람에게는 유익이 됨을 잊지 마세요. 하나님의 뜻으로 살아가는 사람은 썩어 없어질 것이 아닌, 영원한 것을 위하여 살아가는 사람입니다. 잠깐인 것이 전부인 양, 온 마음을 빼앗겨 그것이 없어진 후에 절망에 머무르는 사람이 되지 않도록 하십시오.

영원히 사라지지 아니할 말씀 앞으로 나아갑시다.

기도 | 나를 부르신 하나님, 하나님의 쓰임을 받도록 하시려고 이 시간들을 허락하심을 감사드립니다. 저에게 왜 고난을 주셨냐고 원망하지 않고 하나님이 우리에게 고난을 주신 참뜻을 되새기겠습니다. 저로 주님의 말씀을 배우게 하시고 하나님을 더 알아가도록 해주세요. 모든 세계민족이 주님께 돌아오도록 저를 써주세요. 약한 나를 강하게 만들어 주시는 하나님께 감사드립니다. 예수님의 이름으로 기도드립니다. 아멘.

흔적남기기

30 감사 할아버지

이러므로 우리가 하나님께 끊임없이 감사함은 너희가 우리에게 들은 바 하나님의 말씀을 받을 때에 사람의 말로 받지 아니하고 하나님의 말씀으로 받음이니 진실로 그러하도다 이 말씀이 또한 너희 믿는 자 가운데에서 역사하느니라(데살로니가전서 2:13)

하나님을 잘 믿는 할아버지 한 분이 계셨습니다. 늘 감사하다고 말씀하셔서, '감사 할아버지'라는 별명을 듣게 되었습니다.

할아버지가 한 번은 고기 한 근을 사가지고 돌아오다가 돌에 걸려 넘어져서 고기를 놓쳐버렸습니다. 때마침 개 한 마리가 곁을 지나다가 그 고기를 물고 달아났습니다. 이때도 할아버지는 감사하다고 하였습니다. 그때 어떤 젊은이가 지나가다가 무엇이 감사하냐고 물었습니다. 그러자 할아버지는 이렇게 말했습니다.

"아, 이 사람아. 고기는 잃어버렸지만 내 입의 입맛은 그대로 살아있네."

감사, 감사, 또 감사. 아무리 감사를 드려도 부족하지 않을 우리의 하나님이십니다. 여러분 가운데 이미 하나님이 주신 말씀- 복음의 진리가 있지 않습니까? 하나님의 말씀은 우리로 하나님을 기쁘게 하고 감사가 넘치게 하십니다. 오늘 할아버지처럼 여러분에게 공부할 수 있는 지혜와 힘을 이미 허락하신 하나님께 감사드려보세요.

잠깐의 실수와 실패로 위축되지 마세요. 감사는 우리에게 힘이 넘치게 합니다!

기도 | 하나님, 저에게 공부를 할 수 있도록 몸을 건강하게 해 주셔서 감사합니다. 오랜 시간 공부를 해서 지치고 피곤할 때 저의 힘이 되어주시는 하나님께 감사드립니다. 어떠한 일이 있든지 어떤 상황에서든지 불평하지 않고 하나님께 감사를 고백할 수 있도록 지혜와 깨달음을 허락해 주세요. 예수님의 이름으로 기도드립니다. 아멘.

흔적남기기

29 단순한 기쁨

내 영혼아 네가 어찌하여 낙심하며 어찌하여 내 속에서 불안해 하는가 너는 하나님께 소망을 두라 나는 그가 나타나 도우심으로 말미암아 내 하나님을 여전히 찬송하리로다 (시편 42:11)

프랑스 사람들의 지대한 존경을 받는 인물들 중에서, 빈민구호 공동체인 '엠마우스' 공동체를 창설한 삐에르라는 신부님이 계십니다. 신부님의 여러 비망록 중에서, "단순한 기쁨"이라는 책이 있는데, 그중에서 나오는 그의 경험담입니다.

한 청년이 자살 직전에 신부님을 찾아와 자문을 구했습니다. 그가 자살하려고 하는 이유를 신부님에게 자세히 설명했습니다. 신부님은 그의 이야기를 다 들은 뒤에 이렇게 말합니다.

"충분히 자살할 이유가 있네요. 일이 그렇다면 살 수가 없겠습니다. 자살해야 되겠습니다."라는 말씀을 하고 나서 "그런데, 죽기 전에 나를 좀 도와주시고 죽으면 안되겠습니까?"라고 물었습니다.

"뭐 어차피 죽을 건데 죽기 전에 신부님이 필요하다면 제가 얼마 동안 신부님을 돕도록 하지요."라며 그 요청을 수락합니다. 그리고 집 없고 불쌍한 사람들을 위해서 집을 짓는 신부님의 일을 돕게 됩니다. 얼마 후에 이 사람은 이렇게 고백하고 있습니다.

"신부님께서 내게 돈을 주었든지, 내가 살 수 있는 집을 지어주었던지, 이렇게 베풀었더라면 나는 다시 자살을 했을 겁니다. 그러나 신부님은 내게 아무것도 주지 않았습니다. 오히려 도움을 요청을 했습니다. 그래서 신부님을 도우면서 살아야 할 이유를 충분히 찾았고, 이제 나는 어떻게 사는 것이 행복이라는 것을 알게 되었습니다."

죄에 짓눌려 멸망의 길로 가고 있는 우리에게 찾아오신 예수님은 우리에게 '살아갈' 이유를 주셨습니다. 주님이 주신 소중한 꿈을 위해 달려 나가고 있는 것입니다. 힘을 내세요. 하나님이 여러분을 세우시고 일으키시는 방법을 신뢰하세요. 하나님을 소망으로 둔 자는 절대로 망하지 않습니다.

기도 | 하나님, 저의 마음이 불안과 초조함으로 피폐할 때가 많습니다. 그러나 그때마다 십자가에서 사랑 주신 주님을 볼 수 있게 해주세요. 주님은 저에게 소망을 주셨습니다. 저에게 귀한 꿈을 주시고 그것을 통해 아름답게 일하실 주님을 신뢰합니다. 주님 안에서 잘 자라나도록 해주세요. 주님을 더욱 신뢰합니다. 예수님의 이름으로 기도드립니다. 아멘.

흔적남기기

28 거듭난 삶

여호와께서 말씀하시되 오라 우리가 서로 변론하자 너희의 죄가 주홍 같을지라도 눈과 같이 희어질 것이요 진홍 같이 붉을지라도 양털 같이 희게 되리라(이사야 1:18)

딸만 다섯인 어느 장로님의 가정에 외아들이 태어났습니다. 귀하게 얻은 외아들이라 부모님과 누나들의 사랑 속에 버릇없이 자랐습니다.

어느 날 아들이 술을 먹고 인사불성 상태로 집에 들어왔을 때, 부모님은 방에 엎드려 눈물로 기도하고 계셨습니다. 이때 아들은 '무엇을 하느냐'며 물건을 발로 차고 행패를 부렸습니다. 그러나 눈이 시뻘겋게 부어 있는 부모님의 모습을 보자 아들은 숙연해졌습니다.

날이 새자 술에서 깬 아들은 부모님 앞에 가서 다시는 이런 짓을 하지 않겠다며 용서를 빌었습니다. 그런데 아들은 마루에 나와 대들보에 무수한 못이 박혀 있는 것을 보고 저 못이 왜 저렇게 많이 박혔느냐고 물었습니다.

"그 못은 네가 못된 짓을 할 때마다 하나씩 박은 것이란다."

아들은 그 말을 듣고 눈물을 흘렸습니다. 그리고 아들은 아버지께, "아버지, 이제는 내가 좋은 일을 할 때마다 저 못을 하나씩 뽑아 주세요"라고 말했습니다. 그 후에 아들은 열심히 선행하여 못을 다 뽑게 되었습니다. 그러고 나서 아들은 아버지께 말했습니다.

"아버지, 이제 못을 다 뽑았습니다."

"그래, 그런데 못 자국은 그대로 남아 있구나. 너는 저 못 자국을 보고 겸손히 주님의 사랑을 실천해야 된다."

나는 혹시 하나님이 원하지 않는 방향으로 살아가고 있지는 않습니까? 마지못해 교회에 나가고, 공부와 시험 때문에 하나님을 멀리하고 신앙생활은 뒷전이지 않았나요?

하나님께 회개합시다. 회개는 잘못된 길에서 다시 몸을 돌려 돌아가는 것입니다. 오늘 하나님께서 우리를 눈과 같이 희게 하신다고 말씀하십니다. 사랑으로 회복시키시는 하나님 앞에 나아갑시다.

기도 I 하나님, 나의 죄 때문에 십자가로 오르심을 기억합니다. 이제는 하나님의 사랑을 깨달았으니 회개하여 하나님이 원하시는 삶을 살겠습니다. 성경 말씀과 기도로 새 힘을 얻고, 친구들을 위로해주고, 하나님을 전하고 예배도 잘 드릴게요. 공부도 나를 위한 것이 아니라 하나님을 위하여 하겠습니다. 이것으로 주님이 뜻하신 대로, 내 이웃을 도울 수 있도록 해주세요. 예수님의 이름으로 기도드립니다. 아멘.

흔적남기기

27 지선이의 행복

모든 은혜의 하나님 곧 그리스도 안에서 너희를 부르사 자기의 영원한 영광에 들어가게 하신 이가 잠깐 고난을 당한 너희를 친히 온전하게 하시며 굳건하게 하시며 강하게 하시며 터를 견고하게 하시리라 (베드로전서 5:10)

『지선아, 사랑해』의 저자 이지선 씨는, 대학 4학년이던 2000년 7월 30일 교통사고를 당해서 전신 55%의 3도 화상을 입었습니다. 7개월간의 긴 입원, 11차례의 수술, 끔찍하게 고통스러운 치료, 3년여의 시간이 지난 지금 더 이상 예전의 아름다운 얼굴은 찾아볼 수가 없고 온몸이 화상의 흔적으로 변해버렸지만 그 누구보다도 당당하고 즐거운 인생을 살고 있습니다.

다른 사람들은 몸이 힘든 만큼 마음도 고생했을 거라고 생각하지만 자신은 몸이 아픈 게 힘들었지 마음은 그리 고통스럽지 않았다고 합니다. 오히려 새로운 인생이 시작됐다며, 아픈 사람들의 마음과 함께 하고 싶다는 아름다운 꿈을 꾸고 있습니다.

그녀는 고난이 가져다준 축복을 이렇게 말합니다.

"고난을 통하지 않고서는 배울 수 없고 가질 수 없는 열매들이 얼마나 귀한 것인지, 저는 이제 알았습니다... 정말 중요한 것은 보이지 않는 것 안에 있습니다. 저는 기대합니다. 지금은 상상치도 못할 일들이 앞으로도 펼쳐질 것입니다. 그래서 저는 지금 행복합니다."

가장 낮은 자리에 오셔서 고난을 견디어 내신 예수님은 지금 가장 뛰어난 이름의 예수님, 가장 높으신 이름의 예수님이 되어 우리를 지켜주십니다. 고난은 무익이 아니라 오히려 유익이며, 주님의 말씀대로 주님의 고난에 동참하는 자는 주님과 함께 영광을 누리게 된다고 약속해 주셨습니다. 풀무불에서 연단한 금이 순금이 되는 것처럼, 우리도 고난을 통해 더욱 정결한 하나님의 사람으로 거듭날 수 있는 것입니다.

기억하세요. 사탄은 '고난 없는 영광'으로 우리를 유혹합니다. 그러나 그 길에는 오직 멸망이 있을 뿐입니다.

기도 | 하나님, 빨리 이 시기가 지나갔으면 하는 마음과 요행을 바라던 마음이 있었음을 회개합니다. 예수님도 나를 위해 그 고난을 참으시고, 지금은 가장 높으시고 존귀한 예수님이 되셨습니다. 저도 예수님을 본받아 이 힘듦의 시기를 감사로 지나게 하시고, 정금같이 순결한 하나님의 사람이 되도록 해주세요. 하나님의 귀한 영광을 약속해 주셔서 감사드립니다. 예수님의 이름으로 기도드립니다. 아멘.

흔적남기기

26 하나님을 기대하는 기도

이르시기를 너희는 가만히 있어 내가 하나님 됨을 알지어다 내가 뭇 나라 중에서 높임을 받으리라 내가 세계 중에서 높임을 받으리라 하시도다(시편 46:10)

동독과 서독이 나뉘어서 성경이 그 '철의 장벽'을 통과하기에 어려움을 겪고 있을 때였습니다. 어느 선교단 여러 명이 러시아어 성경책을 가지고 동독 국경을 넘어가려다가 잡혔습니다. 그때 선교단원들은 많은 성경책을 잃어버렸습니다. 너무나 속상한 책임자 중의 한 사람이 이렇게 기도를 하였습니다.

"우리가 잘못하고 있는 건가요? 이런 일을 허락하시는 이유가 뭐죠? 이것은 대단한 낭비가 아닌가요? 이렇게 되는 것이 당신의 뜻일 리가 없잖아요!"

그는 거듭 질문했으나 분명한 답을 얻을 수 없었습니다.

그 후 베를린 장벽이 무너져 동독과 서독은 하나가 되었습니다. 어느 날 아침 신문을 펼쳤던 그 책임자는 놀라운 소식을 접했습니다! 동독 비밀경찰인 스타시가 그들에게서 압수해 간 모든 러시아어 성경을, 최근 러시아에 있는 교회에 배편으로 부쳤다는 소식이었습니다. 2만 권의 성경책! 한 권도 없어지지 않았습니다. 단 한 권도 낭비되지 않았습니다. 그는 일을 이루신 하나님께 찬양할 수밖에 없었습니다.

하나님이 때로는 침묵하시고 잠잠하신 것 같습니다. 그러나 하나님은 한 치의 오차도 없이 그분의 일을 카이로스- '하나님의 때'에 정확히 이루시는 분입니다. 우리는 그때를 기다려야 하며 하나님을 신뢰함으로 기도해야 합니다. 그리고 그 기도가 예수님 안에서 반드시 이루어질 줄 믿어야 합니다. 왜냐하면 하나님께서 영광 받으시고 기뻐하시는 일이기 때문입니다. 믿음으로 기도의 자리로 나아가세요. 하나님이 하나님의 일을 이루시도록!

기도 | 신실하신 하나님, 제가 주님의 계획 아래 있다는 것을 믿습니다. 그래서 이해할 수 없는 일들도 감사드릴 수 있습니다. 합력하여 선을 이루시는 하나님, 지금의 힘들고 고단한 시기도 주님의 선하신 계획으로 이끌어 가심을 믿습니다. 하나님, 하나님의 때에 멋지게 일해 주세요! 하나님을 기대합니다. 그때를 기다릴 수 있도록 힘주세요. 예수님의 이름으로 기도드립니다. 아멘.

흔적남기기

25 흙덩이를 뚫고

환난 날에 나를 부르라 내가 너를 건지리니 네가 나를 영화롭게 하리로다(시편 50:15)

관현악의 명 지휘자 토스카니니(A.Toscanini)는 지독한 근시였습니다. 그가 오케스트라의 첼로 연주자일 때, 근시 때문에 악보조차 제대로 볼 수 없었습니다. 실수할 것만 같은 불안감으로 그가 고민 끝에 취한 방법은 악보를 외우는 것이었습니다. 그러던 중 그가 속해 있던 오케스트라의 지휘자가 갑작스러운 사정으로 무대에 나오지 못해서 유일하게 악보를 외고 있던 그가 지휘를 한 것이 계기가 되어 토스카니니는 지휘자의 길을 걷게 되었습니다. 그는 자기의 불리한 조건을 딛고 승리한 것입니다.

씨앗이 한 송이 아름다운 꽃을 피우기 위해서 무거운 흙덩이를 뚫고 자라나야 하듯, 예비 된 축복과 삶의 승리를 위해서는, 우리도 자신을 연단시키는 계기로 고난을 받아들여야 합니다. 하나님은 '사람이 감당할 시험밖에는 너희에게 당한 것이 없다(고전 10:13)'고 말씀하셨습니다.

우리가 감당치 못할 어려움은 아예 주시지도 않고, 또 피할 길을 주신다고 하셨습니다. 오늘 말씀에서 우리가 환난 날에 있을 때 건지실 것이며, 오히려 고난 중에 약한 우리에게서 하나님이 영광을 받으신다고 말씀하십니다! 우리의 약함을 물리치지 않으시는 하나님을 의지함으로 일어서십시오. 주님의 말씀은 진리입니다.

기도 | 하나님, 저에게 고난을 주셔서 감사합니다. 이 고난 가운데 하나님 영광 받아주셔서 더욱 감사드립니다. 감당치 못할 고난은 아예 주지 않으시고, 또 피할 길을 주시는 하나님을 영원히 신뢰합니다! 씨앗이 흙을 뚫고 아름다운 꽃을 피우기까지의 과정처럼, 저도 그러한 과정에 있음을 믿습니다. 저를 아름답게 하실 하나님으로 인해 힘이 납니다! 사랑합니다. 예수님의 이름으로 기도드립니다. 아멘.

흔적남기기

24 헬레나

또한 그로 말미암아 우리가 믿음으로 서 있는 이 은혜에 들어감을 얻었으며 하나님의 영광을 바라고 즐거워하느니라 다만 이뿐 아니라 우리가 환난 중에도 즐거워하나니 이는 환난은 인내를, 인내는 연단을, 연단은 소망을 이루는 줄 앎이로다(로마서 5:2-4)

주후 4세기 로마의 콘스탄티누스 황제의 모친 헬레나(Helena)는 예수님을 잘 믿는 사람이었습니다. 예수님을 믿고 그 사랑을 체험하자, 예수님이 십자가에 못 박히신 현장을 찾아가고 싶은 마음이 간절해졌습니다. 그래서 그녀는 예루살렘으로 떠났습니다. 헬레나는 그곳에서 예전 시대의 이교도들이 그리스도를 십자가에 못 박아 죽이고는 그 흔적을 없애려고 노력한 것을 보고 놀랐습니다. 헬레나는 수행원들에게 돌과 흙으로 덮어놓은 그곳을 깊이 파라고 명령했습니다.

그러자 거기에 십자가 셋이 묻혀 있었습니다. 헬레나는 십자가를 발견한 것이 기뻐서 어쩔 줄을 몰랐습니다. 그 셋 중의 한 십자가는 분명히 예수님께서 지셨던 십자가였던 것입니다.

그러나 어느 것이 예수님께서 지셨던 십자가인지 도무지 구별할 수가 없었습니다. 그래서 예루살렘의 주교가 난치병 환자를 데리고 와서 그 십자가들을 만지게 했습니다. 그런데 한 십자가를 만지자 능력이 나타나서 그 난치병이 완치가 되었습니다. 이 십자가는 곧 로마의 국보가 되었습니다.

헬레나에게 감화를 받은 아들 콘스탄티누스(Consta-ntinus, 272-337) 황제는 믿음을 갖게 되었고, 마침내 그는 A.D. 313년에 기독교 신앙 자유령을 내려 기독교를 국교로 삼게 되었습니다.

예수님께서는 우리를 죄에서 해방시키기 위해 십자가에 달려 돌아가셨습니다. 그분이 지불한 대가는 자신의 생명이었습니다. 우리의 어떤 고난도 예수님의 고난을 따라갈 수 없으며, 우리의 어떤 희생도 희생이라 말할 수 없습니다. 지치고 힘들어 불평이 나를 덮치려 할 때 예수님을 기억하십시오.

기도 | 하나님, 나를 위해서 생명을 아낌없이 주신 예수님을 기억합니다. 그 예수님 앞에 다만 겸손해질 수밖에 없습니다. 영혼의 불치병과 같은 죄를 완전히 없애시고, 완전히 새롭게 해주신 은혜가 너무나 큽니다. 불평과 짜증, 원망으로 주님을 바라보았던 저를 용서해 주세요. 오직 주님께 드릴 것은 감사와 찬송 밖에는 없습니다. 사랑합니다. 예수님의 이름으로 기도드립니다. 아멘.

흔적남기기

23 대용품

너희 중에 누가 아들이 떡을 달라 하는데 돌을 주며 생선을 달라 하는데 뱀을 줄 사람이 있겠느냐 너희가 악한 자라도 좋은 것으로 자식에게 줄 줄 알거든 하물며 하늘에 계신 너희 아버지께서 구하는 자에게 좋은 것으로 주시지 않겠느냐(마태복음 7:9-11)

최근에 결혼한 한 여자가 와이오밍의 어느 작은 마을로 이사를 했습니다. 그녀는 바쁜 농장 일 때문에 쇼핑을 갈 여유가 없어서 큰 상점의 카탈로그를 뒤지기 시작하였습니다. 상점에서 보낸 주문서 밑에는 다음과 같은 질문이 적혀 있었습니다.

"손님께서 주문하신 상품이 없을 경우, 다른 상품을 대신 보내 드릴까요?"

그녀는 낯선 사람이 적절한 대용품을 골라 준다는 것이 썩 내키진 않았지만, 그런 일이 없기를 기대하며 그냥 '예'라고 적었습니다.

며칠 후에 회사에서 보내 준 소포 속에는 '죄송합니다만 손님께서 주문하신 상품이 남아 있지 않아 다른 상품으로 대신 운송합니다'라는 편지가 들어 있었습니다. 실망해서 포장을 풀어 본 그녀의 눈에 들어온 것은 자신이 지불한 가격의 두 배에 달하는 훨씬 더 좋은 상품이었습니다.

그런 일이 있은 후, 그녀는 주문서 밑에 적힌 '대용품을 받겠느냐'

라는 질문에 늘 빨간 글씨로 "예"라고 적었습니다. 그 상점이 그녀의 주문을 이행하기 위해 최선을 다한다는 신뢰가 생겼기 때문입니다.

하나님은 우리의 필요를 다 알고 계십니다. 우리가 구하고 생각하는 것보다 더 넘치도록 주실 수 있는 분이라고 성경은 말씀합니다(엡3:20). 하나님이 허락하시는 것은 가장 좋은 것입니다. 하나님이 우리의 "아빠"이심을 잊지 마세요. 우리 멋쟁이 하나님 아빠의 안목을 믿으세요! 그분을 신뢰하고, 주시는 것에 감사함으로 찬양드립시다.

기도 | 하나님, 저는 당장 앞만 보고 있어서, 때로는 실망하고 불평하기도 했습니다. 용서해 주세요. 언제나 좋은 것으로 저에게 베풀어 주시는 신실하신 하나님이 저의 아버지이심을 잊지 않게 해주세요. 하나님 아버지를 깊이 신뢰하기 원합니다. 제가 원치 않는 것이라 해도, 모든 것을 감찰하시고 아시는 하나님의 안목을 신뢰합니다! 언제나 감사드릴게요. 찬양합니다. 예수님의 이름으로 기도드립니다. 아멘.

흔적남기기

22 삶의 위기를 극복하는 방법

참으로 주께서는 모든 환난에서 나를 건지시고 내 원수가 보응 받는 것을 내 눈이 똑똑히 보게 하셨나이다 (시편 54:7)

어떤 비행사가 비행기를 몰고 가는데, 엔진에서 '찍찍'거리는 소리가 났습니다. 그는 직감적으로 엔진 속에 생쥐가 들어가 있다는 것을 알게 되었습니다. 이 비행사는 긴장하기 시작했습니다. 만약 이 생쥐가 전선 하나라도 건드린다면 치명적인 고장을 일으킬 수 있기 때문입니다. 그때 이 비행사는 무엇을 했을까요? 그는 비행기를 고도가 높은 곳으로 몰고 갔습니다. 쥐 한 마리를 잡기 위해, 핸들을 놓거나 안전벨트를 풀지 말아야겠다는 생각에서였습니다. 그는 산소마스크를 쓴 채, 가능한 높이높이 비행기를 몰고 갔습니다. 얼마 후에 '찍찍'거리는 소리는 멈추었고, 지상에 내려와 살펴보니 엔진 속에는 쥐 한 마리가 죽어 있었습니다.

우리도 생활 속에 삐걱거리는 것이 있으면, 이 조종사처럼 높은 곳으로 올라가야 합니다. 삶에 위기가 있으면 높이 올라가야 합니다. 높이 올라가는 것은 하나님께 나아가는 것입니다. 우리의 삶의 문제를 해결하는 열쇠는 하나님께만 있습니다. 높으신 하나님을 바라보며 기도하십시오. 닥친 문제 앞에서 우왕좌왕하고 불안해하며 내 힘으로 해결하려는 것은 고공에서 쥐를 잡으려고 핸들을 놓는 것과 마찬가지입니다. 오직 한 분 이신 하나님께 눈을 떼지 마세요!

기도 | 하나님, 너무 바빠서 기도한다고 했던 마틴 루터의 고백처럼, 지금이 바로 기도할 때임을 고백합니다. 저는 눈앞에 현실을 바라보며 우왕좌왕하며, 많은 걱정과 스트레스로 인해 몸과 마음이 지칠 때가 많습니다. 주님, 기도합니다. 저의 마음을 지켜 주세요. 나를 해하려는 원수 사탄의 모든 방법이 망하는 것을 똑똑히 보게 해주세요. 제 마음에 하나님의 평안을 허락해 주셔서 감사드립니다. 나의 위로자 되신 주님, 사랑합니다. 예수님의 이름으로 기도드립니다. 아멘.

흔적남기기

21 태어나기 위한 몸부림

고난 당하기 전에는 내가 그릇 행하였더니 이제는 주의 말씀을 지키나이다 주는 선하사 선을 행하시오니 주의 율례들로 나를 가르치소서 (시편 119:67-68)

찰스 코우만 여사는 나비를 연구하는 학자였습니다. 그는 많은 연구 중에서도 애벌레가 나방이 되는 과정만을 1년간이나 연구했습니다. 그 연구 기간에 있었던 일입니다.

어느 날, 번데기 안에 있던 큰 애벌레가 작은 구멍을 뚫고 나오기 위해 몸부림을 치고 있었습니다. 코우만 여사는 애벌레의 몸부림이 안타까워서 가위로 번데기를 잘라 주고는 흐뭇해했습니다. 그러나 화려한 날갯짓을 할 줄 알았던 나비는 오히려 날지도 못하고 기어다니는 것이었습니다. 코우만 여사는 번데기의 작은 구멍을 뚫고 나오려는 몸부림이 날개에 힘을 주고 화려한 날개를 펴게 한다는 것을 몰랐던 것입니다.

애벌레가 나비가 되고자 하는 몸부림은 거듭나기 위한 신앙인의 몸부림과 같은 것입니다. 우리는 고난 가운데 있을 때, 절망 중에 있을 때라야 비로소 우리의 존재가 어떠한지를 알게 됩니다. 연약하기 짝이 없고, 절대자 없이는 아무것도 할 수 없는, 하나님 앞에서 아무것도 아닌 우리 자신을 발견하게 될 때 진정한 그리스도인이 되는 것입니다. 자신의 존재를 자각한 사람은 하나님만을 의지할 수밖에 없습니다. 나의 힘이 아니라 하나님을 의지함으로 살아가는 삶은 풍성하고 놀랍습니다.

사실 내가 부족해서 하나님을 따를 수 없는 것이 아니라, 내가 내 안에 너무 '많아서' 하나님을 따르고 의지하는 것이 어려운 것입니다. 고난을 감사하십시오. 약함을 자랑하십시오. 언제나 옳은 길로 인도하시는 하나님을 찬양하십시오.

기도 | 하나님, 오히려 내 안의 내가 너무 강하기 때문에 하나님을 따르고 의지하는 길을 방해함을 알았습니다. 대학 입시 기간에 늘 힘들어하고 약하기만 한 이 모습이, 오히려 하나님 앞에서 아무것도 아닌 저를 발견하는 복된 시간임을 가르쳐 주셔서 감사드립니다. 애벌레가 나비가 되기까지 꼭 거쳐야 하는 몸부림을 저도 거절하지 않겠습니다. 주님, 나의 힘이 아니라 하나님 안에서 풍성히 누리는 진정한 그리스도인이 되게 해주세요. 예수님의 이름으로 기도드립니다. 아멘.

흔적남기기

20 예수 그리스도

그가 찔림은 우리의 허물 때문이요 그가 상함은 우리의 죄악 때문이라 그가 징계를 받으므로 우리는 평화를 누리고 그가 채찍에 맞으므로 우리는 나음을 받았도다 (이사야 53:5)

아무도 환호하지 않는 추운 마구간에서
말이 꼴을 먹는 구유에서
너무나도 약한 아기의 모습으로

가장 가난한 나사렛 동네에서
아비가 누구인지 모른다는 수군거림 속에서
아버지를 일찍 여읜 가난하고 볼품없는 목수로

아무도 거들떠보지 않는 죄인들의 친구로
가난한 자의 친구로
오히려 제자들의 발을 닦으시는 낮은 자로

사람들이 기대한 메시아와는 다른 모습
조롱과 멸시 속에 침묵으로 십자가 오르셨던
예수 그리스도

예수님의 대속하심은 십자가에서 잠깐 이루어진 것이 아니었습니다. 예수님은 태어나는 것부터 죽음까지, 전 삶을 나를 대신해서 살아 내시고 십자가에 오르신 것입니다. 나의 허물, 죄, 상처, 아픔, 약함. 십자가의 예수님을 믿는 자에게는 더 이상 문제 되지 않습니다. 십자가 너머로 부활하신 예수님으로 인해 우리는 '온전한 나음'을 입었기 때문입니다.

기도 | 나를 위해서 십자가에 달려 죽으신 주님. 나의 아픔, 상처, 힘듦, 약함, 죄를 모두 해결해 주셔서 감사드립니다. 또, 예수님으로 인해 온전히 나음을 입게 해주심도 감사드립니다. 무엇으로 보답할 수 있을까요? 무엇으로도 그 은혜를 갚을 수 없을 거예요. 주님이 새로이 주신 생명 안에서 주님을 위해 모든 것을 하는 자 되게 해주세요. 공부도, 꿈도, 모든 것이 주님 안에서 이뤄지기 원합니다. 예수님 이름으로 기도드립니다. 아멘.

흔적남기기

19 진정한 "좌절금지"(OTL NO!)

강한 손과 펴신 팔로 인도하여 내신 이에게 감사하라 그 인자하심이 영원함이로다(시편 136:12)

영화 "낮은 데로 임하소서"의 주인공 안요한 목사는 눈병으로 37세에 맹인이 되었고 절망에 이르렀습니다. 설상가상으로 아내도 그를 버리고 집을 나가 버렸습니다. 그는 삶 전체에 대한 절망으로 죽으려고 하다가 '요한아, 요한아, 내가 너를 떠나지 않으며 버리지 아니하리니 마음을 강하게 하고 담대히 하라.'는 음성을 듣고, 37년 동안 영적으로 감겼던 눈을 뜨게 되었습니다. 그리고 미국 뉴욕 헬렌 켈러 재단의 도움으로 한국 신학대학을 졸업하고 한국 최초의 맹인 박사가 되었습니다. 그는 이렇게 간증했습니다.

"저는 장님이 되고 수지맞았지요. 보았던 37년보다 앞 못 보는 7년이 오히려 행복하고 보람이 있었습니다. 온 천하를 가져도 하나님 없는 인생은 만족과 기쁨과 감사가 없기에 행복할 수 없습니다. 감사할 수 있기를 바랍니다. 이것이 하나님의 뜻이기 때문입니다."

하나님은 결코 우리를 대충대충 대하시지 않으시고, '강한 손과 펴신 팔'로 인도하셨다고 말씀합니다. 우리를 구원하심은 어느 누구도 할 수 없는, 오직 하나님만이 하실 수 있는 특별한 것입니다. 변하지 않는 동일한 사랑으로, 동일한 은혜로 그 인자하심이 영원하다고 말씀합니다.

혹시 슬픔에 빠져 있고 좌절하고 있나요? 하나님은 강한 팔로 우리를 붙잡아 주십니다. 그것은 영원한 약속입니다. 슬픔과 고통을 딛고 일어서십시오. 진정한 "좌절 금지"는 하나님이 계시기 때문에 가능합니다. 긍정적인 마음을 억지로 짜내어야만 되는 것이 아니라, 진리이신 하나님의 약속을 근거로 한 것이기에 두렵지 않습니다. 힘을 내십시오! 하나님은 헛되이 여러분을 내버려두지 않으십니다.

기도 | 하나님 감사합니다. 하나님께 감사로 시작하는 기도를 드려서 기쁩니다. 영원한 약속을 제게 주셔서 감사드립니다. 그리고 주님을 더 알아가게 하셔서 감사드립니다. 힘들고 어려운 시기이지만, 오히려 하나님과 더 가까워질 수 있어서 참 감사드립니다. 주님이 저의 힘 되십니다. 감사가 하나님의 뜻임을 가르쳐 주셔서 감사드립니다. 감사를 가르쳐 주시는 예수님의 이름으로 기도드립니다. 아멘.

흔적남기기

18 자유인이 된 캔들러

하나님이여 내 마음이 확정되었고 내 마음이 확정되었사오니 내가 노래하고 내가 찬송하리이다(시편 57:7)

코카콜라 창업자인 아사 D. 캔들러라고 하는 사람은 본래 알코올 중독자였습니다. 술에 중독이 되어서 술을 안 먹으면 살 수 없고 술을 먹지 않으면 정신이 들지 않습니다. 그는 알코올중독자 수용소에 끌려가서 오랫동안 여러 차례 고생을 했지만, 술에 대한 욕망에서 헤어나지 못하고 비참하게 살아갔습니다.

캔들러는 어느 날, 자신의 마음속에서부터 들려오는 강한 음성을 들었습니다. '나 자신의 본능적 욕구를 거절하는 사람만이 성공할 수 있다. 이 악한 욕구, 이 욕망을 거절해야만 내가 자유인이 될 수 있다.'

그는 깊이 깨닫고 집에 돌아가 아내의 손목을 잡고 자기가 깨달은 바를 고백하고 같이 울며 하나님 앞에 기도했습니다. 그리고 다시 시작했습니다. 자유인으로 시작한 것입니다. 술의 노예였던 그는, 양심도, 그 영혼도, 모든 악한 욕망으로부터 벗어난 자유인으로 살게 되었습니다. 그리고 소득의 십일조를 하나님 앞에 철저하게 바치면서 코카콜라라고 하는 큰 기업을 이루게 되었다고 합니다.

사탄은 계속해서 우리를 충동질합니다. 하나님보다 다른 것들이

'지금은' 더 우선되어야 한다고 말입니다. 그러나 우리는 죄에 대해서는 이미 죽었고, 하나님을 위해서는 그리스도 예수 안에서 사는 사람이라는 것을 알아야 합니다! 수능까지 얼마 남지 않았지만, 하나님 앞에 나아가는 것을 소홀히 하지 마십시오. 주님께서 이미 죄를 이기셨습니다. 그래서 우리도 승리할 수 있습니다! 하나님께 의의 병기로 자신을 드리세요.

기도 | 하나님, 감사합니다. 주님의 승리는 곧, 저의 승리입니다. 하나님 앞에 드리지 못한 제물이 있다면 용서해 주세요. 신령과 진정으로 예배드리지 못하고 형식적으로 예배드린 적이 있다면 용서해 주세요. 공부에 대한 스트레스로 공부에만 매달려 하나님과의 시간을 소홀히 여긴 적이 있다면 용서해 주세요. 하나님께 저를 의의 병기로 드립니다. 감사드립니다. 예수님의 이름으로 기도드립니다. 아멘.

흔적남기기

17 믿음의 승리

그러므로 내가 너희에게 말하노니 무엇이든지 기도하고 구하는 것은 받은 줄로 믿으라 그리하면 너희에게 그대로 되리라(마가복음 11:24)

나폴레옹(Napoleon)이 유럽을 침공했을 때였습니다. 나폴레옹은 오스트리아의 국경 도시인 펠드리히를 포위하였고 곧 점령했습니다. 그때 펠드리히 시의회 의원들은 비상 의회를 소집하고 이 사태를 논의하였습니다. 미리 항복하자는 의견이 나오자 한 사제가 일어나 말하였습니다.

"우리의 힘을 의지한다면 질 수밖에 없습니다. 그러나 하나님은 우리를 구해주실 수 있으십니다. 부활절인 오늘은 예정대로 교회 종을 치고 예배를 드립시다. 그리고 나머지 문제는 모두 하나님께 맡겨버립시다."

그 사제의 말에 시의회 의원들은 모두 찬성하였습니다. 펠드리히 시에는 우렁찬 종소리가 울리고, 기쁨에 찬 찬송 소리가 퍼져나갔습니다. 이때, 나폴레옹의 귀에는 그 소리가 승리의 함성같이 들렸습니다. 이 소리를 들은 프랑스군 진영에서는 오스트리아의 구원병이 온 것이 틀림없다고 판단하여 군대를 돌려 다른 곳으로 퇴각하였습니다. 하나님께서 나폴레옹의 군대를 물리쳐 주신 것입니다.

어려운 상황과 힘든 고비를 만났을 때 오히려 기뻐하세요. 하나님만 의지하는 믿음을 나타낼 수 있는 기회이기 때문입니다. 하나님만 의지하고 그분께 모든 것을 맡기는 믿음은 우리가 상상할 수도 없었던 위대한 하나님의 역사를 이루어냅니다. 나에게는 불가능하지만 하나님께는 불가능한 것이 전혀 없음을 기억하세요!

기도 | 위대한 하나님, 나의 자신감이 어디서 오겠습니까? 오직 주님이십니다. 나의 힘을 의지할 때는 패할 수밖에 없지만, 나를 대신하여 싸우시는 주님을 의지합니다. 사탄은 틈만 나면 저를 넘어뜨리려고 온갖 방해를 합니다. 설령 넘어져 있을지라도 내 손을 붙잡고 계신 하나님을 의지해서 일어날게요. 모든 것을 하나님께 맡기고 의지하는 믿음을 허락해 주셔서 감사드립니다. 예수님의 이름으로 기도드립니다.

흔적남기기

16 자신에게 하는 다짐

내가 주의 율례들을 영원히 행하려고 내 마음을 기울였나이다(시편 119:112)

스코틀랜드의 신학자요, 목사인 로버트 리는 스스로에게 이렇게 결의하는 다짐을 하였습니다.

나는 기뻐하리라. 그리하면 인생은 나에게 날개를 달아줄 것이다. 나는 용감하리라. 그리하면 더 이상 두려움에 얽매이지 않을 것이다.

나는 균형 있게 살리라. 그리하면 노동과 오락과 휴식과 예배가 잘 조화되어 적절한 몫을 잃지 않을 것이다.

나는 스스로를 신뢰하리라. 그리하면 실패에 대한 생각 때문에 망설이지 않을 것이다.

나는 스스로 절제하리라. 그리하면 감정이 나를 지배하지 못할 것이다.

나는 지성 있는 사람이 되리라. 그리하면 곧은 사고와 지식이 모든 행동을 이끌 것이다.

나는 건강하리라. 그리하면 내 몸이 책임을 완수하게 될 것이다.

나는 영혼과 마음과 행동을 깨끗이 하리라. 그리하면 아무런 부끄러움이 없을 것이다.

나는 온유하리라. 그리하면 번민으로 초조해지지 않을 것이다.
나는 인내하리라. 그리하면 절망이 끝이 아님을 볼 수 있을 것이다.
나는 신념을 지키리라. 그리하면 의지로 말미암아 성취할 것이다.
나는 준비하리라. 그리하면 위급할 때에 당황하지 않을 것이다.

우리는 늘 결단의 시간이 필요합니다. 그것은 우리로 시간을 허비하거나 목적과 목표에서 벗어나지 않게 합니다. 시험을 준비하기 전에 자신에게 다짐한 것이 있었나요? 오래도록 지키지 않아서 다짐이 무의미해졌다면 다짐할 것을 새롭게 생각해 보세요. 오늘 다시 주님 앞에 결심하고 뜻을 정하세요. 주님의 뜻과 합하는 결단은, 지킬 힘도 주님이 주십니다.

기도 | 하나님, 이제 수능 시험이 얼마 남지 않았습니다. 연초에 수능을 위해 스스로 다짐했던 것들을 되돌아봅니다. 잘 지켜진 것도 있고 제대로 지키지 못한 것들도 있습니다. 무엇보다 하나님이 우선인 기도와 말씀 생활을 놓지 않겠습니다. 지금 이 순간 하나님 앞에서 새롭게 다짐합니다. 주님, 저의 다짐을 기억하시고 축복해 주세요. 예수님의 이름으로 기도드립니다. 아멘.

흔적남기기

15 전화위복의 대가(大家)이신 하나님!

우리가 알거니와 하나님을 사랑하는 자 곧 그의 뜻대로 부르심을 입은 자들에게는 모든 것이 합력하여 선을 이루느니라(로마서 8:28)

한 어부가 두 아들을 데리고 바다에 고기를 잡으러 나갔습니다. 그런데 갑자기 파도가 세차게 일어나고, 비가 억수같이 쏟아져 내렸습니다. 어느덧 캄캄한 밤이 되었는데 집으로 돌아가는 방향마저 잃어버리고 표류하게 되었습니다. 이대로 얼마 동안 있으면 배가 파선되어 3부자(父子)가 같이 죽을 수밖에 없는 절망적인 상황이었습니다. 이 같은 위태한 지경에서 절망에 빠져 있을 때, 저쪽에서 작은 불빛 하나가 보이더니 점점 커져서 불기둥이 되어서 솟아올랐습니다. 그들은 그 불기둥을 보고 그쪽이 육지라고 판단을 하고, 사력을 다해 노를 저어 가까스로 살아서 돌아왔습니다.

집으로 돌아오니, 부인이 울먹이며, '우리 집에 불이 나서 다 타버렸어요.'라고 말했습니다. 그 순간, 아버지와 두 아들은 하늘을 향해 두 손을 모으고 감사의 기도를 올렸습니다.

"오, 하나님, 감사합니다. 우리 집에 불이 나지 않았더라면, 우리는 육지를 찾지 못해 지금쯤 바다에서 죽었을 것입니다."

당장 닥친 어렵고 힘든 일이 나중에 오히려 복이 되는 경우가 많습니다. 우리는 하나님의 자녀로서, 그 어떠한 일도 합력하여 선을 이루시는 하나님 안에 있기 때문에 더욱더 그러합니다. 전화위복(轉禍爲福)의 대가(大家)는 당연 하나님이십니다!

지금 분명 힘든 시기이지만, 언제나 놀라운 약속을 해주시는 하나님도 함께 계심을 잊지 마십시오. 당장의 결과에 연연하지 마십시오. 하늘의 하나님을 바라보십시오. 그분이 여러분의 지혜요, 힘이십니다. 늘 간구하며 기도하십시오. 하나님은 우리의 기도를 응답하시려고 기다리고 계신답니다.

기도 | 구원의 하나님, 감사합니다. 바다에 표류했던 삼부자처럼, 또 집이 다 타 버린 부인처럼 저도 어려운 중에 있습니다. 그러나 그 두 가지 어려운 일 가운데 생명을 살리시는 주님의 놀라운 방법이 있음을 보았습니다. 오늘 저에게 이 말씀을 묵상하게 해 주셔서 저의 피곤한 영혼을 살려 주심을 감사드립니다. 오늘도 주님과 동행하며 내 구원이신 주님을 바라보겠습니다. 예수님의 이름으로 기도드립니다. 아멘.

흔적남기기

14 믿음, 소망, 사랑의 뿌리

너희의 믿음의 역사와 사랑의 수고와 우리 주 예수 그리스도에 대한 소망의 인내를 우리 하나님 아버지 앞에서 끊임없이 기억함이니(데살로니가전서 1:3)

뉴멕시코의 한 흑인 가정에서 슬픔의 시간이 다가오고 있었습니다. 오랜 병고 끝에 마지막 숨을 거두는 어머니가, 열두 살 난 아이의 손을 잡고 최후의 말을 남기고 있었습니다.

"랠프야, 너에게 물려줄 것은 한 가지도 없구나. 그러나 엄마의 말을 잊지 말아 다오, 아무리 괴로워도 믿음과 소망과 사랑을 놓쳐서는 안 된다. 알겠지? 믿음과 소망과 사랑을 잊지 말거라."

랠프는 1년 사이에 아버지와 어머니를 잃고, 아무것도 없는 고아가 되었습니다. 그는 할머니에게 인계되어 갖은 노동에 시달렸지만, 최고의 교육을 마칠 수가 있었습니다. 인종차별과 가난 속에서 수십 번 학업을 중단하려는 위기가 있었으나, 그때마다 어머니가 최후로 남긴 믿음과 소망과 사랑의 뿌리에 매달려 모든 고통을 극복한 것입니다.

이 소년은 성장하여 결혼을 하였습니다. 그러나 태어난 아들은 소아마비였고, 가정적으로도 불행하였지만, '믿음 소망 사랑의 뿌리'는 그로 하여금 국제 연합에까지 진출하도록 도와주었습니다.

인류를 위하여 큰 활약을 하게 한 것입니다. 이 소년이 바로 흑인으로서 최초로 노벨 평화상을 탄 랠프 번치 박사입니다.

우리의 믿음과 소망, 사랑은 모두 하나님께 연결되어 있습니다. 하나님은 한 번도 포기해 보신 적이 없는 분이랍니다. 그분은 실망도, 좌절도 하지 않으셨습니다. 그 아들 예수님도 이 땅에서 어려운 모든 시간들과 십자가로 나아가시기까지 우리가 구원을 얻으리란 믿음과 소망, 사랑을 잃지 않으셨다고 말씀합니다(히 12:2). 소망을 잃지 말고 끝까지 최선을 다해 공부하고 시험에 임하세요. 하나님이 함께하십니다!

기도 | 믿음, 소망, 사랑을 가르쳐 주신 하나님, 감사드립니다. 세상에서 가장 중요한 이 세 가지를 자주 잊어버리고 살았습니다. 곰곰이 생각해 보니 하나님은 한 번도 저에 대해서, 그리고 이 세상에 대해서 낙심하시거나 포기하신 적이 없으셨습니다. 주님, 그 주님을 의지해서 저도 믿음과 소망, 사랑을 잃지 않고 달려갈게요. 함께하시는 하나님, 사랑합니다. 예수님의 이름으로 기도드립니다. 아멘.

흔적남기기

13 거절의 은혜 : 존 번연과 천로역정

나에게 이르시기를 내 은혜가 네게 족하도다 이는 내 능력이 약한 데서 온전하여짐이라 하신지라 그러므로 도리어 크게 기뻐함으로 나의 여러 약한 것들에 대하여 자랑하리니 이는 그리스도의 능력이 내게 머물게 하려 함이라(고린도후서 12:9)

존 번연은 복음을 전하는 가운데 핍박을 받아 감옥에 갇히게 되었습니다. 그는 감옥이 답답해서 견딜 수가 없었습니다. 그래서 간절히 기도했습니다. "주여, 저는 생명이 다하는 그 시간까지 복음을 전하고 싶습니다. 그러니 저를 어서 내보내 주시옵소서."

그때 그에게 들려오는 세미한 음성이 있었습니다.

"내 은혜가 네게 족하도다. 이는 네 능력이 약한 데서 온전하여짐이라!" 그 음성을 들은 번연은 깨달음을 얻게 되었습니다.

"아하! 내가 비록 감옥에 갇혔을지라도 우리 주님께서 내게 족한 은혜를 베푸시는구나!"

그 사실을 깨닫게 되자 그의 마음에는 깊은 평안이 찾아왔고, 그 후 12년의 옥중 생활 동안 계속해서 주님을 묵상하며 주님의 말씀에 깊이 젖어들었습니다. 이때 가졌던 영적 체험을 토대로 기록한 책이 바로 『천로역정』입니다. 그 결과, 그는 직접 전도하는 것보다 책을 통해서 훨씬 더 많은 사람들을 주님 앞으로 인도할 수 있었습니다.

바울은 자신의 병을 하나님께 고쳐달라고 구했지만 하나님께 거절당했습니다. 그 후로 바울은 오히려 약한 것을 자랑한다고 하였습니다. 신앙인은 '가시'를 은혜로 받아서 약한 것을 강한 것으로 바꿀 줄 알고, 상처를 영광으로 바꿀 줄 아는 사람입니다.

우리가 약하면 약할수록 하나님의 능력은 더욱더 크게 나타납니다. 하나님의 일은 하나님이 꼭 이루십니다. 내게 있는 가시는 하나님의 축복을 더욱 크게 받는 디딤돌의 역할을 한다는 사실을 기억합시다.

기도 | 약한 자의 하나님, 연약한 저에게 그리스도의 능력이 머물게 하시는 은혜를 감사드립니다. 더욱 깨닫게 해주세요. 지금까지 살아오면서 부딪치는 시련들은 두렵고 힘이 들어 피하려고 했습니다. 그러나 그 모든 것이 저를 견고하게 성장하게 한다는 것을 알았습니다. 예수님을 신뢰함으로 이 시기를 잘 이겨내서 하나님의 일을 하나님이 이루실 것을 믿습니다. 예수님의 이름으로 기도드립니다. 아멘.

흔적남기기

12 희망을 파는 노인

소망의 하나님이 모든 기쁨과 평강을 믿음 안에서 너희에게 충만하게 하사 성령의 능력으로 소망이 넘치게 하시기를 원하노라(로마서 15:13)

독일의 나치가 폴란드를 점령하고 있을 때, 폴란드의 유대인 전용 시장에 한 노인이 빈 책상을 앞에 두고 앉아서 소리를 지르고 있었습니다.

"여러분! 여기 이 세상에서 가장 값비싼 것을 사 가세요!"

지나가던 사람이 물었습니다.

"아니, 노인장! 아무것도 팔 것이 없지 않소?"

그러자 노인은 그 사람에게 이렇게 속삭였습니다.

"나는 희망을 팔고 있소. 우리 민족의 꿈과 비전을 팔고 있소."

절망은 우리를 과거에 묶어 둡니다. 그러나 소망은 현실이 어떠하든지, 우리를 미래로 향하게 만듭니다. 절망은 오직 땅만 쳐다보게 만듭니다. 그러나 소망은 하늘을 바라보게 만듭니다.

우리는 무엇보다도 확실한 소망이신 예수 그리스도를 얻은 사람들입니다. 그분이 우리 가운데 무엇으로도 빼앗지 못할 평안과 기쁨을 허락해 주셨습니다. 성령님이 우리 안에 거하셔서 우리로 하늘 바라게 하십니다. 우리의 소망은 이 땅 위에 있지 않습니다. 하나님은 영원히 사라지지 않을 하나님 나라를 약속해 주셨답니다. 소망을 잃지 마세요. 나의 삶 전체가 하나님 안에 있습니다.

기도 | 하나님, 감사합니다. 제게 펼쳐진 현실이 그저 어둡고 두려울 뿐 일 때, 하늘을 바라보게 해주세요. 오직 나의 소망되신 예수님을 나에게서 빼앗을 자는 아무도 없습니다. 주님이 주시는 기쁨과 평안은 영원합니다. 주님, 이 소망을 잊지 않고, 늘 기억하게 해주세요. 성령님, 저의 마음을 지켜주셔서 이 기간 동안 끝까지 평안하게 해주세요. 저의 모든 간구를 언제나 신실히 응답하심을 감사드립니다. 예수님의 이름으로 기도드립니다. 아멘.

흔적남기기

11 당연한 말씀

너희가 거듭난 것은 썩어질 씨로 된 것이 아니요 썩지 아니할 씨로 된 것이니 살아 있고 항상 있는 하나님의 말씀으로 되었느니라 그러므로 모든 육체는 풀과 같고 그 모든 영광은 풀의 꽃과 같으니 풀은 마르고 꽃은 떨어지되 오직 주의 말씀은 세세토록 있도다 하였으니 너희에게 전한 복음이 곧 이 말씀이니라 (베드로전서 1:23-25)

고든(C.D. Gordon)의 글에 나오는 이야기입니다. 길가에서 과일을 팔고 있는 작은 소녀가 있었다. 그녀는 시간만 있으면 언제나 성경을 읽곤 하였다. 하루는 한 젊은 신사가 과일을 사려고 그녀 앞에 섰지만, 이 소녀는 책에 열중해 있어 손님이 온 것을 알지 못했다.

"애야, 너는 무얼 그리 열심히 읽고 있니?" "네, 하나님의 말씀이죠." 이 젊은 신사는 회의주의자였다. 그는 소녀에게 다시 물었다.

"누가 이 책이 하나님의 말씀이라고 이야기해 주었니?"

"하나님께서 제게 그렇게 말씀하신걸요."

"뭐, 하나님이 네게 말씀하셨다고? 말도 안돼! 너는 만나 보지도, 함께 이야기하지도 못할 텐데!" 소녀는 조금의 동요도 없이 젊은 신사를 쳐다보며 이야기했다.

"누가 아저씨께 하늘에 태양이 있다고 이야기해 주던가요?"

"그건 당연한 말이 아니니? 난 저 햇살이 좋단다."

"그래요! 아저씨 말씀이 옳아요. 그렇게 아저씨가 태양을 느끼듯 저는 하나님을 느껴요! 제가 성경을 읽으면 하나님께서는 저를 따

뜻하게 해준답니다. 제가 얻은 저 햇살과 따스한 마음은 하나님이 아니시고는 제게 줄 분이 없지요!" 우리가 하나님을 직접 볼 수는 없지만, 하나님은 사랑으로 우리에게 당신을 알 수 있도록 우리 주위에 많은 것을 허락해 주셨습니다. 파란 하늘, 각종 나무와 새, 꽃들. 무엇보다도 하나님은 우리에게 영원한 말씀으로 당신을 알 수 있도록 해주셨지요. 하나님께서 우리와 대화하고 교제하기 원하신다는 것을 알고 있나요? 마음을 열면, 사랑하는 주님의 음성이 생생하게 다가올 것입니다. 하나님과 대화하세요. 가장 좋은 친구인 주님과 함께 가면 두려울 것이 없답니다.

기도 | 사랑하는 하나님, 세상에서는 자꾸만 분주하게 하고 걱정하게 하는 소리만 들려옵니다. 하나님이 어디에도 계시지 않은 듯, 세상은 나의 시선을 어지럽힙니다. 혼자 있는 것만 같아서 외롭기도 했습니다. 하지만, 어느 때든지 영원한 하나님이 그 말씀으로 저와 함께 하심에 대해 감사로 마음을 엽니다. 사랑하는 주님의 음성을 들려주세요. 그리고 저와 함께 이 길을 같이 가주세요. 저에게 모든 것을 허락하신 하나님, 감사드립니다. 예수님의 이름으로 기도드립니다. 아멘.

흔적남기기

10 보상을 바라지 않는 것이 진정한 감사

믿음이 없이는 하나님을 기쁘시게 하지 못하나니 하나님께 나아가는 자는 반드시 그가 계신 것과 또한 그가 자기를 찾는 자들에게 상 주시는 이심을 믿어야 할지니라(히브리서 11:6)

어느 마음 착한 농부가 농사를 짓다가 크고 좋은 무가 생산되어 그것을 원님에게 보냈습니다. 모든 것이 원님 덕분이라고 보내온 것이었습니다. 기특한 마음이 든 원님은, 근래 들어온 물건 중에서 큰 황소를 농부에게 주었습니다.

이 소식을 들은 옆집 심술쟁이 농부가, 무 하나에 황소 한 마리라면 자신은 황소를 바쳐 땅이라도 몇 마지기 탈 수 있겠다는 속셈으로 황소를 몰고 갔습니다.

"원님, 저는 수십 년간 황소를 길러 왔습니다만 이렇게 크고 좋은 황소는 처음 봅니다. 이는 원님의 선정 덕분입니다."

원님은 농부에게 고맙다고 말한 후, 요즘 들어온 물건 중에 좋은 것이 있는지 이방에게 물어, 크고 좋은 무가 하나 있다 하기로, 그 큰 무를 주었습니다. 심술쟁이 농부는 울상 지으며 그 무를 가지고 집으로 갈 수밖에 없었습니다.

진정한 감사는 보상을 바라지 않고 드리는 것입니다. 하나님은 우리의 애씀과 수고를 결코 모른 척하지 않으십니다. 나의 선함과 노력이 아니라, 오직 하나님의 은혜로 인한 '선물'을 받음을 기억하세요. 보상을 바라고 하나님을 대하는 것이 아니라 오직 믿음으로 하나님을 기쁘시게 할 수 있습니다. 하나님은 우리의 필요를 채우기 원하시는 분이십니다.

기도 | 선하신 하나님, 제가 무엇을 해야만 그 보상으로 주시는 하나님이 아니라, 오직 하나님의 은혜의 뜻으로 주심을 감사드립니다. 먼저 그 나라와 그 의를 구하라고 하셨는데, 지금부터 제 모든 삶이 이 말씀으로 살아지게 해주세요. 풍성히 채워주시는 주님의 은혜를 날마다 깨닫게 해주세요. 우리의 위로가 되어주시는 하나님을 찬양합니다. 예수님의 이름으로 기도드립니다. 아멘.

흔적남기기

9 하나님의 부르심과 은사

하나님의 은사와 부르심에는 후회하심이 없느니라(로마서 11:29)

일본 동경대 공학부를 졸업한 학생이 마쓰시다(松下) 전기회사에 취업 시험을 보았습니다. 그 학생 실력이면 합격은 문제없을 것이라 모두들 예상했었는데, 합격자 명단에 그의 이름은 없었습니다. 심히 실망하고 좌절한 그 학생은 자살하고 말았습니다.

다음 날, 마쓰시다 전기회사에서 전보가 날아왔습니다. 그 학생은 수석 합격자였고, 수석 합격자를 따로 분류했던 것이 사무 착오로 인해 합격자 명단에 이름이 누락되었던 것입니다. 마쓰시다 전기 인사 책임자는 안타까운 이런 비극이 일어난 데 대하여 책임을 통감하였습니다. 그런데 이 소식을 들은 마쓰시다 전기회사의 마쓰시다 고노스께 회장은 전혀 다른 반응을 보였습니다. "그 학생이 젊은 나이에 세상을 저버린 일은 참으로 안타깝고 애석한 일입니다. 그러나 우리 회사가 그 학생을 받아들이지 않게 된 것은 오히려 크게 다행스러운 일입니다."

그 정도의 좌절을 이겨내지 못하고 자살한 것으로 보아 그 학생이 실력은 있지만 심리적 자질은 형편없는 사람이라는 것이 그 이유였습니다. 사무 착오가 일어나지 않았다면 그 학생은 수석 합격이라는 능력을 인정받고 회사의 중요한 부서에 배정되어 회사 내에서 고급 인력으로 성장하였을 것입니다. 하지만 그 학생의 심리적 자질을 감안한다면, 그 학생이 훗날 회사의 중요 부서 책임자가 되었을 때 그 부서가 위기를 만나거나 심각한 좌절의 소용돌이에 말려들었을 경우, 그 학생은 스스로 자살을 선택한 것처럼 다분히 충동적이고 비극적인 방법으로 일을 처리할 가능성이 클 것이고 그 결과 회사에 막대한 손실을 초래할 것이 분명하기 때문입니다.

하나님이 부르신 부르심에 패배자는 없습니다. 하나님은 우리를 패배자로 지으신 적이 없기 때문입니다. 우리의 어떠한 실패와 실수도 그분 안에서는 합력하여 선을 이룰 뿐입니다. 나의 어떠함보다 하나님이 어떠한 분이신가를 늘 바라볼 때, 우리는 다시 일어설 수 있습니다.

기도 | 하나님, 감사드립니다. 늘 부족하고 연약한 저의 모습인데도, 하나님의 은사와 부르심에는 후회함이 없으시다고 말씀해 주셔서 감사드립니다. 저의 실수와 실패의 자리에서 오직 주님을 바라보겠습니다. 하나님의 말씀을 믿고 담대히 일어설게요. 지나간 것들에 대해 더 이상 연연하지 않고, 저에게 행하실 주님만을 기대합니다. 사랑합니다. 예수님의 이름으로 기도드립니다. 아멘.

흔적남기기

8 날마다 힘을 주시는 하나님

너희는 강하고 담대하라 두려워하지 말라 그들 앞에서 떨지 말라 이는 네 하나님 여호와 그가 너와 함께 가시며 결코 너를 떠나지 아니하시며 버리지 아니하실 것임이라 하고(신명기 31:6)

공산권 선교에 주력했던 리차드 범브랜트목사는 자주 감옥에 투옥되었으며 생명의 위협도 받았습니다. 그러나 그는 투옥될 때마다 성경을 밤낮으로 읽었습니다. 언제 어떻게 죽을지 모르는 불안과 두려움의 한복판에서 그의 마음을 강하게 사로잡았던 메시지는 바로 '두려워 말라'는 말씀이었습니다. 성경에서 이 단어가 나올 때마다 새로운 용기를 얻으며 '두려워하지 말라'는 말씀 밑에 일일이 줄을 쳤습니다. 성경을 다 읽고 난 후에는 과연 '두려워하지 말라'는 말씀이 성경 전체에 몇 번이나 나오는지 궁금하여 세어보았습니다. 정확히 365번이었습니다. 이 사실을 알고 난 범브랜트 목사는 무릎을 치면서 감옥에서 소리쳤습니다.

"그렇다. 하나님께서는 나에게 1년 365일 날마다 두려워하지 말라고 말씀하신다!"

하나님은 우리를 정말 너무나 잘 아십니다. 우리가 두려움도 많고 연약하다는 것을 나보다 더 잘 아신답니다. 그 하나님이 365번, 1년 365일, 우리에게 두려워하지 말라고 말씀하십니다. 하나님은 말로만 위로하시는 분이 아니라, 실제로 우리의 두려움을 내어 쫓으시며 힘이 되어 주시는 분이십니다. 두려워질 때 하나님을 바라보세요. 하나님은 멀리 계시지 않으시고, 바로 우리와 ‘함께’, 우리가 생각한 것보다 더, 우리를 ‘밀착 경호’하고 계심을 잊지 마세요!

기도 | 하나님, 때로는 하나님이 멀리 계시고, ‘너는 할 수 없어’, ‘너는 그것을 해낼 능력이 없잖아’라는 사탄의 음성만 들리는 것 같습니다. 그럴 때면 두려워서 많이 힘들었어요. 그러나 주님! 오늘 언제나 함께 하시고 결코 떠나지 않으시는 하나님을 알게 해주셔서 감사드립니다! 언제나 주님이 제 안에 계신 것을 잊지 않도록 해주세요. 사랑하고 감사드립니다. 예수님의 이름으로 기도드립니다. 아멘.

흔적남기기

7 악마들의 가장 값비싼 무기

내 영혼을 대적하는 자들이 수치와 멸망을 당하게 하시며 나를 모해하려 하는 자들에게는 욕과 수욕이 덮이게 하소서 나는 항상 소망을 품고 주를 더욱더욱 찬송하리이다(시편 71:13-14)

유대인들의 옛이야기 가운데 이런 이야기가 있습니다.

한 악마가 죽을 때가 되어 자기가 사용해 왔던 무기를 전시해 놓고 다른 악마들에게 무기를 팔게 되었습니다. 그중에서 아주 낡은 무기가 하나 있었습니다. 그런데 거기에 제일 고가의 가격이 적혀 있었습니다. 그래서 한 악마가 "도대체 이 낡고 오래된 것에 왜 이런 고가를 붙였습니까?" 하고 물었더니, 이 노련한 악마가 대답하기를, "너는 모른다. 이 무기가 얼마나 유용한 것인가를! 나는 이 무기로 수많은 불신자들을 지옥으로 가게 하였고, 또 이 무기로 많은 신자들을 쓰러뜨렸다."라고 하였습니다.

그 무기 밑에는 '절망'이란 글자가 새겨져 있었습니다.

절망의 이유는 무척이나 많습니다. 그러나 달리 생각해 보면 어떨까요? 절망의 이유들은 하나같이 영원하지 않기 때문에 다양한 것입니다. 절망의 끝에서는 항상 하나님이 우리를 향하여 팔을 벌리고 서 계십니다. 나 혼자서는 일어설 수 없지만, 나를 향해 팔을 벌리시고 우리를 안아 올리시는 하나님 때문에 절망에서 소망으로 옮겨갈 수 있는 것이랍니다. 절망은 끝이 있지만 소망은 영원하다는 것, 잊지 마세요!

기도 | 하나님, 지금보다 결과가 더 나아질 것 같지 않아 절망을 느낍니다. 하지만 이 절망은 하나님에게서 온 것이 아니라 사탄이 주는 시험이라는 것을 압니다. 항상 절망의 끝에서 소망으로 인도하시는 하나님은 포기하지 말고 일어서서 담대하라고 하셨습니다. 나를 절망에 빠지게 하기 위해 시험하는 사탄을 따르지 않고, 저를 위해 사랑으로 말씀하시는 하나님의 뜻에 따르겠습니다. 감사드립니다. 예수님의 이름으로 기도드립니다. 아멘.

흔적남기기

6 감사 없는 삶

여호와께 감사하라 그는 선하시며 그 인자하심이 영원함이로다(시편 136:1)

큰 정신병원에서 구급차 운전사로 일해 온 사람이 있었습니다. 어느 날, 정신병 환자를 병원에 내려놓고 차를 돌리려는데 병원의 위 층 창문을 통하여 누가 부르는 소리가 들렸습니다.

"당신은 건강한 정신을 가진 것에 대해 하나님께 감사해 본 일이 있소?"

그 말에 운전사는 아무런 대답도 할 수 없었습니다. 15년 동안 매일 정신병 환자를 운반하면서도 건강한 정신에 대하여 한 번도 감사해 본 일이 없기 때문이었습니다.

감사할 조건이 없어서 감사하지 못하는 것이 아니라, 이미 있는 '감사의 조건'을 찾지 못한 것은 아닙니까? 우리의 호흡, 관계, 꿈... 이 모든 것들이 이미 우리에게 주어져 있습니다. 또, 무엇보다도 '선하시고 인자하심이 영원하신' 하나님이 함께 하시지 않습니까?

그 하나님을 아버지라고 부를 수 있는 '필요충분 조건'이신 예수 그리스도. 우리는 그분으로 인해 죄에서 해방되었고, 하나님의 자녀라고 일컬음 받았습니다. 우리에게 감사할 조건은 너무나 많습니다. 하나님은 그 자신을 우리에게 모두 내어주셨기 때문입니다. 지금 감사의 자리로 나아가십시오.

"자기 아들을 아끼지 않으시고, 우리 모두를 위하여 내어주신 분이, 어찌 그 아들과 함께 모든 것을 우리에게 선물로 거저 주지 않으시겠습니까?"(롬 8:32)

기도 | 자신을 내어주신 하나님, 주님은 모든 것을 저에게 주셨습니다. 살아있게 하셨고, 사랑하는 가족을 주셨고, 공부할 수 있게 해 주셨습니다. 주신 것이 너무 많아 다 말할 수가 없습니다. 그러나 그것을 잊고, 불평하고 짜증을 내며 감사하지 못했던 것을 회개합니다. 예수님께서 십자가로 저의 죄를 사하여 주신 것이 모든 감사의 이유임을 알게 되었습니다. 감사 없는 삶이 아니라 감사로 충만하게 하여 주세요. 사랑합니다. 예수님의 이름으로 기도드립니다. 아멘.

흔적남기기

5 주지사가 된 이민 소년

내가 네게 명령한 것이 아니냐 강하고 담대하라 두려워하지 말며 놀라지 말라 네가 어디로 가든지 네 하나님 여호와가 너와 함께 하느니라 하시니라(여호수아 1:9)

휴 애런슨은 18세의 젊은 나이에 고향 스웨덴을 떠나서 혼자 미국으로 이민을 갔지만 누구 한 사람 반겨주는 사람도 없었고 일자리를 찾기도 쉽지 않았습니다. 마침내 가지고 있던 돈도 다 떨어지고 말았습니다. 하루는 허기진 배를 움켜쥐고서 무작정 서부로 가는 기차 화물칸에 올라탔으나, 그만 열차 승무원에게 발각되어 실컷 얻어맞고 열차에서 쫓겨나고 말았습니다. 매 맞은 몸으로 강가에 쪼그리고 앉아있는 강물에 비친 자신의 모습이 그렇게도 처량해 보일 수가 없었습니다. 차라리 저 강물에 몸을 던져 버릴까 하는 생각도 들었습니다. 그러나 그때 불현듯 그의 마음속에 떠오르는 성경 구절이 하나 있었습니다.

"내가 선한 싸움을 싸우고 나의 달려갈 길을 마치고 믿음을 지켰으니……."

그는 그 말씀을 가만히 묵상하면서 스스로에게 질문을 던졌습니다. '나는 지금까지 나의 인생길에서 얼마나 힘 있게 뛰어보았는가?' 그는 그 자리에서 두 주먹을 쥐고 일어났습니다. 그리고 자기가 지나온 모든 과거를 흘러가는 강물 위에 떠내려 보내고 힘 있게 뛰어보기로 결심을 했습니다. 30년 후, 휴 애런슨은 몬테나 주의 영광스러운 주지사로 선출되었습니다.

현실이 어렵다고 해서 용기를 잃지 마세요. 휴 애런슨과 같이, 우리에게 늘 말씀하시는 하나님을 의지하세요. 하나님이 함께 하신다는 것은 단순히 위로의 말씀이 아닙니다. 전능하시고 무엇과도 나와 바꾸지 않으실 만큼 사랑하시는 하나님이 함께하신다는 말씀입니다. 그분께는 나를 어려움 가운데서 건지실 충분한 힘과 능력이 있답니다. 힘을 내세요. 나의 힘은 바로 하나님입니다.

기도 | 하나님, 오늘도 하나님의 말씀으로 하루를 시작하게 되어 감사드립니다. 말씀은 곧 하나님이시며, 언제나 저와 함께 하신다고 해주셔서 감사드려요. 하나님께서 두려워하지 말고 담대하라고 하시니 하나님의 말씀에 따라 용기를 내어 담대하게 살아가겠습니다. 하루하루를 힘차게 살아갈 수 있도록 도와주신 하나님께 감사드립니다. 예수님의 이름으로 기도드립니다. 아멘.

흔적남기기

4 마지막으로 남긴 말

너희 안에서 착한 일을 시작하신 이가 그리스도 예수의 날까지 이루실 줄을 우리는 확신하노라 (빌립보서 1:6)

사람이 이 세상을 떠나기 전에 마지막으로 남기는 말을 '유언'(遺言)이라고 합니다.

소크라테스는 '우리는 이제 떠나야 할 때가 왔다. 나는 죽으러 가고 여러분은 살러 간다. 누가 행복할 것인가? 그것은 오직 신(神)만이 알 것이다.'라고 철인답게 독배(毒杯)를 마시고 죽었습니다.

공산주의 이론을 만들어 낸 칼 마르크스는 죽음을 앞두고 그의 하녀가, "제게 마지막 말을 남겨 주시면 기록해 두겠습니다."라고 말하자, "시끄러워, 나가!" 소리치며 죽었다고 합니다.

장군 나폴레옹은 "나는 불행하게 살았다."라고 중얼거리며 죽었고, 대만의 장개석 총통은 "영웅이란 용감하게 실패하는 자이다."라고 무언가 한을 남기면서 죽었고, 문호 괴테는 "창문을 열어다오." 하면서 죽었다고 합니다.

그러나 베들레헴의 말구유에서 탄생하셨던 예수님께서는 십자가 위에서 마지막 순간에 "다 이루었다."라고 자신 있게 말씀하시며 그 영혼을 하나님께 부탁하셨습니다.

역사적으로 큰 업적을 이루거나 훌륭했다고 평판을 받는 어떠한 사람도 마지막 죽음에서 예수님과 같이 자신 있게 말할 수 있었던 사람은 없습니다. 예수님께서는 분명한 하나님의 뜻을 알고 계셨고 이루셨기 때문에, 십자가에서 돌아가시는 예수님을 보고 실망하거나 조롱하는 사람들과 상관없이 '다 이루었다'고 말씀하신 것입니다. 다 이루신 주님께서 우리에게 착한 일을 시작하셨고 그리스도 예수의 날에 이루실 것이라고 말씀하십니다. 용기를 내십시오. 여러분은 이미 다 이루신 주님 안에 있습니다.

기도 | 하나님, 이미 다 이루신 주님 안에 있음을 알게 되었습니다. 용기를 낼 수 있도록 도와주세요. 주님이 제 안에서 착한 일을 시작하셨고, 지금 이 준비도 주님의 계획 아래 있음을 믿습니다. 나를 위하여 다 이루어주신 주님, 감사하고 신뢰합니다. 예수님의 이름으로 기도드립니다. 아멘.

흔적남기기

3 3일 동안만 볼 수 있다면

우리가 너희를 위하여 기도할 때마다 하나님 곧 우리 주 예수 그리스도의 아버지께 감사하노라 이는 그리스도 예수 안에 너희의 믿음과 모든 성도에 대한 사랑을 들었음이요 너희를 위하여 하늘에 쌓아 둔 소망으로 말미암음이니 곧 너희가 전에 복음 진리의 말씀을 들은 것이라 (골로새서 1:3-5)

헬렌 켈러는 보지 못하고, 듣지 못하고, 말하지 못하는 3중고의 장애를 겪었습니다. 그러나 그녀는 장애를 극복한 최고의 사회사업가로 기억되고 있습니다. 그녀는 일기에 다음과 같은 글을 남겼습니다.

"내가 이 세상을 사는 동안에 유일한 소망이 하나 있다면 그것은 죽기 전에 꼭 3일 동안만 눈을 뜨고 보는 것이다. 만약 내가 눈을 뜨고 볼 수 있다면, 나는 나의 눈을 뜨는 그 첫 순간, 나를 이만큼 가르쳐 주고 교육을 시켜준 나의 선생 애너 슐리반을 찾아가겠다... 마지막 날에는 일찍 큰 길가로 가서 출근하는 사람들의 얼굴 표정들, 아침에는 오페라 하우스, 오후에는 영화관에 가서 영화를 감상하고 싶다. 그러다 어느덧 저녁이 되면 나는 건물의 숲을 이루고 있는 도시 한복판으로 나와서 네온사인이 반짝이는 거리, 상점에 진열되어 있는 아름다운 상품들을 보겠다. 집에 돌아와 내가 눈을 감아야 할 마지막 순간에 나는 이 3일 동안만이라도 볼 수 있게 하여 준 나의 하나님께 감사하다고 기도를 드리고 영원히 천국의 세계로 돌아가겠다." 여러분은 헬렌 켈러와 같은 감사를 드려본 적 있나요? 감사는 다른 무엇과 비교해서 감사하는 것이 아니지만, 적어도 여러분은 헬렌 켈러의 소망을 이미 이룬 사람들입니다.

오늘 말씀에서 사도 바울은 골로새 교회를 위해 기도하면서, 늘 예수 그리스도의 아버지께 감사했노라 고백하고 있습니다. 바울은 더욱더 예수 그리스도의 복음 주심을 감사했습니다. 우리도 동일하게 바울과 같이 감사드릴 수 있습니다. 우리에게 참 소망인, 영생의 길을 주신 하나님께 늘 감사합시다.

기도 | 지금은 비록 힘들지만, 저와 함께 하셨던 하나님으로 인해 저도 헬렌 켈러와 같이 감사드릴 수 있기를 원합니다. 원하는 대학교와 원하는 학과에 들어가고픈 소망도 있지만, 그보다도 하나님의 나라를 소망하게 해주시고 영생을 소망하게 해주셔서 감사드립니다. 저는 그 소망 안에, 그 소망을 주신 하나님 안에 완전히 거함을 믿습니다. 이 복음 되신 예수님을 사랑합니다. 예수님의 이름으로 기도드립니다. 아멘.

흔적남기기

2 그리스도가 나의 모든 것

그는 흥하여야 하겠고 나는 쇠하여야 하리라 하니라(요한복음 3:30)

위대한 성가를 많이 작곡했던 조셉 하이든에게 하루는 어떤 사람이 물었습니다. "당신은 그 놀라운 음악을 작곡하는 영감을 어디서 얻습니까?" 하이든이 대답했습니다. "나는 기도할 때마다 '주님! 주님이 내 삶의 주인입니다. 주님이 내게 지혜를 주셔서 내가 아름다운 음악을 작곡하게 되면, 이것은 하나님의 영광을 위해서 작곡한 것이며 하나님의 영광을 위해서 주님 앞에 드릴 것입니다.'라고 기도드립니다."

그가 작곡한 곡 가운데 유명한 [천지창조]가 있습니다. 이 곡이 비엔나에서 공연되던 날, 하이든은 몸이 몹시 아팠습니다. 그래서 공연하는 동안 관객석 뒤에 앉아 있게 되었습니다. 연주가 끝났을 때 수많은 사람들은 지휘자에게 일제히 기립박수를 보냈습니다. 그때 지휘자는 청중들의 박수를 중단시키며 하이든을 가리켰습니다.

"저 사람입니다! 저분이 놀랍고 아름다운 음악을 작곡했습니다!"

사람들은 다시 고개를 돌려서 하이든을 향해 박수를 치기 시작했습니다. 그러자 하이든이 청중들의 박수를 중단시키고 하늘을 가리키면서 말을 했습니다. "아니오! 나는 아무것도 아닙니다. 그리스도가 나의 모든 것입니다. 이 모든 것은 하나님께로부터 온 것입니다. 주님께서 나에게 지혜를 주셨습니다. 그분께 이 영광을 돌리십시오."

'그는 흥하고 나는 쇠하여야 하리라'

세례요한이, 많은 사람들이 예수를 따라간다며 염려한 제자들에게 한 말이었습니다. 사람들의 인정과 칭찬, 영광된 자리에서 나는 그리스도를 높이는 사람인가요? 또는 내가 사람들에게 무시를 당하거나 성적이 좋지 않더라도, 또 원하는 만큼의 결과가 없어도 오직 그리스도만 높임을 받으신다면 만족하십니까? 어느 때든지, 그리스도의 이름이 존귀하게 여김을 받는 것을 최고의 목표로 살아가는 우리가 되었으면 좋겠습니다.

기도 | 존귀하신 하나님, 어느 것도 하나님이 허락하지 않으시면 제게 당할 수 있는 것이 없습니다. 칭찬과 명성도 주님이 주시는 것이며, 때로 무시를 당하거나 실패하는 것 같은 때에도, 그때에도 주님은 나의 하나님이십니다. 어느 때이든지 주님이 높임을 받으시기를 간구합니다. 저는 쇠하고 오직 주님 홀로 영광 받으세요. 결과에 따라 다른 모습이 아닌, 언제나 그리스도의 이름이 존귀하게 여김 받는 것을 위해 살아가겠습니다. 예수님의 이름으로 기도드립니다. 아멘.

흔적남기기

1 영원한 나의 안식처

(시편 131편)

시편 131편을 기도하는 마음으로 천천히 읽고 묵상하시기 바랍니다.

여호와여
내 마음이 교만하지 아니하고
내 눈이 오만하지 아니하오며

내가 큰 일과 감당하지 못할 놀라운 일을 하려고
힘쓰지 아니하나이다

실로 내가 내 영혼으로 고요하고 평온하게 하기를
젖 뗀 아이가 그의 어머니 품에 있음 같게 하였나니
내 영혼이 젖 뗀 아이와 같도다

이스라엘아 지금부터 영원까지 여호와를 바랄지어다